Clásicos de Charles H. Spurgeon

MW00789444

Todo por Gracia

A pesar de llevar mas de 100 años de escrito, todavía
llega al corazón de los lectores

BIG PRINT EDITION

Charles H. Spurgeon

Indy Pub

ISBN: 9781087902944

Contenido:

Capítulo 1—Dios Justifica a los Impíos

Atención a este breve discurso. Hallarás el texto en la Epístola a los Romanos 4:5: «Al que no obra, pero cree en aquel que justifica al impío, su fe le es contada por justicia».

Te llamo la atención a las palabras: «Aquel que justifica al impío.» Estas palabras me parecen muy maravillosas. ¿No te sorprende el que haya tal expresión en la Sagrada Biblia como esta: «Aquel que justifica al impío»? He oído que los que odian las doctrinas de la cruz, acusan de injusto a Dios por salvar a los impíos y recibir al más vil de los pecadores. Mas he aquí, como la misma Escritura acepta la acusación y lo declara francamente. Por boca del apóstol Pablo, por la inspiración del Espíritu Santo, consta el calificativo de «Aquel que justifica al impío» El justifica a los injustos, perdona a los que merecen castigo y favorece a los que no merecen favor alguno. ¿No habías pensado siempre que la salvación era para los buenos, y que la gracia de Dios era para los justos y santos, libres del pecado? Te había caído bien en la mente, sin duda, que si fueras bueno, Dios te recompensaría, y has pensado que no siendo digno, nunca podrías disfrutar de sus favores. Por tanto, te debe sorprender la lectura de un texto como este: «Aquel que justifica al impío.»

No me extraña que te sorprendas, pues con toda mi familiaridad con la gracia divina no ceso de maravillarme de este texto. ¿Suena muy sorprendente, verdad, el que fuera posible que todo un Dios Santo, justificara a una persona impía? Según la natural lealtad de nuestro corazón, estamos hablando siempre de nuestra propia bondad y nuestros méritos, tenazmente apegados a la idea de que debe haber algo bueno en nosotros para merecer que Dios se ocupe de nuestras personas. Pero Dios que bien conoce todos nuestros engaños, sabe que no hay bondad ninguna en nosotros y declara que «no hay justo ni aun uno» (Rom.3:10). El sabe que «todas nuestras justicias son como trapos de inmundicia» (Isa.64:6); y por lo mismo el Señor Jesús no vino al mundo para buscar bondad y justicia para entregárselas a las personas que carecían de ellas. No vino porque éramos justos, sino para hacernos justos, justificando al impío.

Presentándose el abogado ante el tribunal, si es persona honrada, desea defender al inocente, justificándole de todo lo que falsamente se le imputa. El objeto del defensor debe ser la justificación del inocente y no encubrir al culpable. Tal milagro está reservado para el Señor únicamente. Dios, el Soberano infinitamente justo, sabe que en toda la tierra no hay un justo alguien que haga bien y no peque; y por lo mismo en la Soberanía infinita de su naturaleza divina y en el esplendor de su amor maravilloso. El emprende la obra, no tanto de justificar al justo cuanto de justificar al impío. Dios ha ideado maneras y medios de presentar delante de si al impío justamente aceptable; ha concebido un plan mediante el cual puede, en justicia perfecta, tratar al culpable, como si siempre hubiera vivido libre de ofensa; sí, tratarle como si fuera del todo libre de pecado. El justifica al impío.

Jesucristo vino al mundo para salvar a los pecadores. Esto es cosa sorprendente; cosa maravillosa especialmente para los que disfrutan de ella. Se que para mi, hasta el día de hoy, ésta es la maravilla más grande que he conocido, a saber que me justificase a mi. Aparte de su amor inmenso, me siento indigno, corrompido, un conjunto de miseria y pecado. No obstante, se por certeza plena que por fe soy justificado mediante los méritos de Cristo, y tratado como si fuera perfectamente justo, hecho heredero de Dios y coheredero de Cristo, todo a pesar de corresponderme, por naturaleza, el lugar del primero de los pecadores. Yo, del todo indigno, soy tratado como si fuera digno. Se me ama con tanto amor como si siempre hubiera sido piadoso, siendo así que antes era un pecador. ¿Quién no se maravilla de esto? La gratitud por tal favor se reviste de admiración indecible.

Siendo esto tan admirable, deseo que tomes nota de cuán accesible esto hace el evangelio para ti y para mí. Si Dios justifica al impío, entonces, querido amigo, te puede justificar a ti. ¿No es esta precisamente la persona que eres? Si hasta hoy vives inconverso, te cuadra perfectamente la palabra; pues has vivido sin Dios, siendo lo contrario a piadoso o temeroso de Dios; en una palabra, has sido y eres impío. Acaso ni has frecuentado los cultos en el día domingo, has vivido sin respetar el día del Señor, ni su iglesia, ni su Palabra, lo que prueba que has sido impío. Peor todavía, quizá has procurado poner en duda su existencia, y esto hasta el punto de declarar tus dudas. Habitante de esta tierra hermosa, llena de señales de la presencia de Dios, has persistido en cerrar los ojos a las pruebas palpables de su poder y Divinidad. Cierto, has vivido como si no existiera Dios. Y gran placer te hubiera proporcionado el poder probar para ti mismo satisfactoriamente la idea de que no hay Dios. Tal vez has vivido ya muchos años en este estado de ánimo, de manera que ya estás bien afirmado en tus caminos, y sin embargo, Dios no está en ninguno de ellos. Si te llamaran «impío» te cuadraría este nombre tan bien como si al mar se le llamara agua salada, ¿verdad? Acaso eres persona de otra categoría, pues has cumplido con todas las exterioridades de la religión. Sin embargo, de corazón nada has hecho, y así en realidad has vivido impío. Te has relacionado con el pueblo de Dios, pero nunca te has encontrado a él mismo. Has cantado en el coro, pero no has alabado al Señor en el alma. Has vivido sin amar, de corazón, a Dios y sin respetar sus mandamientos. Sea como fuere, tú eres precisamente la persona, a la cual este evangelio se proclama: esta buena nueva que nos asegura que Dios justifica al impío. Maravilloso es y felizmente te sirve al caso. Te cuadra perfectamente. ¿Verdad que sí? ¡Cuánto deseo que lo aceptaras! Si eres persona de sentido común, notarás lo maravilloso de la gracia Divina anticipándose a las necesidades de personas como tú, y dirás entre ti: «¡Justificar al impío! Pues entonces, ¿por qué no seré yo justificado, y justificado ahora mismo?»

Toma nota, por otra parte, del hecho de que esto debe ser así: a saber, que la salvación de Dios debe ser cosa para los que no la merecen ni estén preparados para recibirla. Es natural que conste la afirmación del texto en la Biblia; porque, apreciado amigo, sólo necesita ser justificado quien carezca de justicia propia. Si alguno de mis lectores fuese persona absolutamente justa, no necesitaría ser justificada. Pues tú que sientes que cumples bien todo deber y por poco haces al cielo deudor a ti por tanta bondad, ¿para qué necesitas tú misericordia, ni Salvador alguno? ¿Para qué necesitas tú justificación? Estarás ya cansado de esta lectura, pues no te interesa el asunto.

Si alguno de ustedes se rodea de aires tan legalistas, escúcheme un momento. Tan cierto como que vives, te encaminas hacia la perdición. Ustedes, justos, rodeados de justicia propia, o viven engañados o son engañadores; porque dice la Sagrada Escritura que no puede mentir, y lo dice claramente: «No hay justo, ni aun uno.» De todos modos, no tengo evangelio alguno, ni una palabra para los rodeados de justicia propia, Jesucristo mismo declaraba que no había venido para llamar a los justos, y no voy a hacer lo que él no hacía. Pues si les llamara, no vendrían; y por lo mismo no los llamaré bajo este punto de vista. Al contrario, les suplico que contemplen su justicia propia hasta descubrir lo falsa que es. Ni la mitad de la fuerza de una telaraña tiene. ¡Deséchenla! ¡Aléjense de la misma!

Las únicas personas que necesitan justificación son las que reconocen que no son justas. Ellas sienten la necesidad de que se haga algo para que sean justas ante el tribunal de Dios. Podemos tener la seguridad de que Dios no hace nada fuera de lo necesario. La Sabiduría infinita nunca hace lo inútil. Jesús nunca emprende lo superfluo. Hacer justo a quien ya es justo no es obra de Dios, tal cosa es una insensatez. Justificar al impío es un milagro digno de Dios. Ciertamente así es.

Escuchen ahora. Si en alguna parte del mundo un médico descubre remedios eficaces y preciosos, ¿a quién a de servir el médico? ¿A gente de buena salud? Claro que no, colóquesele en un lugar sin enfermos, y se sentirá fuera de lugar. Allí sobra su presencia. «Los sanos no necesitan médico sino los enfermos» (Marc.2:17), dice el Señor. ¿No es igualmente cierto que los grandes remedios de gracia y redención son para las almas enfermas? No sirven para las almas sanas, porque les son remedios innecesarios. Si tu, querido amigo, te sientes espiritualmente enfermo, para ti ha venido el gran Médico al mundo. Si a causa del pecado te sientes completamente perdido, eres la misma persona comprendida en el plan de salvación por gracia. Afirmo que el Señor del amor eterno tuvo a la vista personas como tu al armonizar el sistema de la salvación por pura gracia. Supongamos que una persona generosa resolviera entre si que perdonaría a todos sus deudores; claro que esto solo podría hacerse respecto a los que realmente le fueran deudores. Uno le debe mil pesos; otro le debe cincuenta pesos; a cada cual tocaría tan solo conseguir la firma que cancelara las cuentas. Pero la persona más generosa del mundo no podría perdonar las deudas de personas que nada deben a nadie. Está fuera del poder del mismo Omnipotente perdonar a quien no tenga nada para perdonar. El perdón presupone alguien que sea culpable. El perdón es para el pecador. Sería absurdo hablar de perdonar al inocente, perdonar al que nunca ha faltado.

¿Crees acaso que te condenarás por ser pecador? Esta es la razón porque te podrás salvar. Por la misma razón de que te reconoces pecador, desearía animarte a creer que precisamente para personas como tu está destinada la gracia. Es positivamente cierto que Jesús busca y salva al perdido. Murió e hizo la expiación de verdad por pecadores de verdad. Si encuentro pecadores que admiten sin excusas que son pecadores, me es un verdadero placer hablar con ellos. Gustosamente platicaría toda la noche con pecadores de buena fe. Las puertas de misericordia no se cierran ni de día ni de noche para los tales y están abiertas todos los días de la semana. Nuestro Señor Jesús no murió por pecados imaginarios, sino la sangre de su corazón se derramó para limpiar las manchas carmesí que nada más que ella puede quitar.

El pecador que se sienta negro de pecado, es la persona que ha venido Jesucristo a blanquear. En cierta ocasión predicó un evangelista sobre el texto: «Ahora, ya también el hacha está puesta a la raíz de los árboles» (Luc.3:9), y lo hizo de modo que le dijo uno de los oyentes: «Nos trató usted como si fuéramos criminales. Ese sermón debiera usted haberlo predicado en el presidio de la ciudad y no aquí.» No, no, contestó el evangelista: «En el presidio no hablaría sobre este texto, sino sobre este: «Palabra fiel y digna de ser recibida por todos; que Cristo Jesús vino al mundo para salvar a los pecadores» (1Tim.1:15). ¡Correctamente! La Ley es para los que se rodean de la justicia propia para derribar su orgullo; el evangelio, es para los perdidos para remover su desesperación.

Si no estás perdido, ¿para que quieres al Salvador? ¿Iría el pastor en busca de los que nunca se extraviaron? ¿Por qué barrería una mujer su casa buscando monedas que hubiera guardado en su bolsa? No, no, la medicina es para los enfermos; la resurrección para los muertos; el perdón para los culpables; la libertad para los cautivos; la vista para los ciegos y la salvación para los pecadores. ¿Cómo se explica la venida del Salvador, su muerte en la cruz y el evangelio del perdón sin admitir de una vez que el hombre es un ser culpable y digno de condenación? El pecador es la razón de la existencia del evangelio. Y tú, amigo mío, objeto de estas palabras, si te sientes merecedor, no de la gracia, sino de la maldición y la condenación, tú eres precisamente el género de hombre para quien fue ordenado, arreglado y destinado el evangelio. Dios justifica al impío.

Desearía hacer esto tan claro y patente como el día. Espero haberlo hecho ya; pero, a pesar de todo, únicamente el Señor puede hacerlo comprender al hombre. Al principio no puede menos que parecer asombroso al hombre de conciencia despierta que la salvación le venga de pura gracia al perdido y culpable. Piensa el tal que la salvación le viene por estar arrepentido, olvidando que su estado de arrepentimiento es parte de su salvación. «Debo de ser esto y lo otro,» dice. Todo lo cual es verdad, porque, sí, será esto y lo otro; pero es resultado de la salvación, y la salvación le viene primero antes de verse alguno de sus resultados. De hecho, la salvación le viene mientras no merezca otra cosa que lo contenido en la descripción fea y abominable de:

Esto y nada más es el hombre cuando le viene el evangelio de Dios para justificarle. Crean firmemente que nuestro misericordioso Dios es tan capaz como dispuesto a recibirles, sin nada que les recomiende, para perdonarles espontáneamente, no porque sean buenos sino porque él es bueno. ¿No hace brillar al sol sobre malos y buenos? ¿No es él, el que da los tiempos fructíferos, y a su tiempo envía lluvia del cielo y hace que salga el sol sobre las naciones más impías? Sí, a la misma Sodoma bañaba el sol, y caía el rocío sobre Gomorra. Amigo, la gracia inmensa de Dios sobrepasa mi entendimiento y tu entendimiento, y desearía que lo apreciaras de un modo digno. Tan alto como el cielo sobre la tierra son los pensamientos de

Dios sobre nuestros pensamientos. Abunda en perdones. Jesucristo vino al mundo para salvar a los pecadores: el perdón corresponde al culpable.

No emprendas la obra legalista de presentarte diferente a lo que en el fondo eres; pero acude tal cual eres al que justifica al impío. Cierto famoso pintor había pintado parte de la corporación municipal de su población y deseaba incluir en el cuadro ciertas personas características bien conocidas de todos en la ciudad. Cierto barrendero rústico, andrajoso y sucio se encontraba entre esta clase de personas, y en el cuadro había un lugar adecuado para él. «Venga usted a mi taller y permítame retratarle, pagándole yo la molestia,» dijo el pintor a este hombre. Al día siguiente por la mañana se presentó en el taller, pero pronto fue despedido, porque se presentó bañado, peinado y decentemente vestido. El pintor lo necesitaba en su estado ordinario con el aspecto de mendigo y no en otra forma. Así el evangelio te recibirá, si acudes al Señor como pecador, pero no de otro modo. No procures reformarte; permite a Jesús salvarte inmediatamente. Dios justifica a los impíos, lo que equivale a decir que te recoge donde estés en este momento y te favorece en el estado más deplorable.

Ven degradado, quiero decir: acude a tu Padre Celestial en tu estado de pecado y miseria. Acude a Jesús tal como eres, espiritualmente leproso, sucio desnudo, ni apto para vivir, ni apto para morir tampoco. Acudan ustedes que son como escoria de la creación, aun cuando no se atrevan a esperar más que la muerte. Acudan aun cuando la desesperación les oprima el pecho cual pesadilla horrible, pidiendo que el Señor los justifique como a otros impíos. ¿Por qué no lo haría? Acudan, porque esta gran misericordia de Dios esta destinada para personas como ustedes. Lo digo en las palabras del texto, por no poderse expresar en términos más vigorosos: El Señor Dios mismo asume este título bendito: «El que justifica al impío.» Este hace justos, y que se traten como justos, a los que por naturaleza son impíos. ¿No les parece este mensaje maravilloso a ustedes? Estimado lector, no te levantes del asiento hasta haber meditado bien este asunto.

***

Capítulo 2—Dios es el que Justifica

Cosa maravillosa es ésta, el ser justificado o declarado justo. Si nunca hubiésemos quebrantado la Ley de Dios, no habría necesidad de tal justificación, siendo naturalmente justos. Quien toda su vida haya hecho lo que debiera hacer, y nunca hubiera hecho nada prohibido, éste es de por si justificado ante la ley. Pero estoy seguro de que tú, estimado lector, no te hallas en ese estado de inocencia. Eres demasiado honrado para pretender estar limpio de todo pecado, y, por lo tanto, necesitas ser justificado. Pues bien, si te justificas a ti mismo, te engañas miserablemente. Por lo mismo, no comiences tal cosa. No valdrá la pena. Si pides a otro mortal que te justifique, ¿qué podrá hacer? Alguien te alabaría por cuatro cuartos, otro te calumniaría por menos. Bien poco vale el juicio del hombre.

Romanos 8:33, dice: «Dios es el que justifica,» y esto, sí que va al grano. Este hecho es asombroso, es un hecho que debemos considerar detenidamente. ¡Ven y ve!

En primer lugar, nadie más que Dios, podría haber pensado en justificar a personas culpables. Se trata de personas que han vivido manifiestamente rebeldes actuando mal con ambas manos; de personas que han ido de mal en peor; de personas que han vuelto al mal aun después de ser castigadas, siendo forzadas a dejar de cometer el mal por algún tiempo. Han quebrantado la ley y pisado el evangelio bajo sus pies. Han rechazado la proclamación de misericordia y persistido en la iniquidad. ¿Cómo podrán tales personas alcanzar el perdón y justificación? Sus conocidos desesperan de ellos, diciendo: «Son casos sin remedio.» Aun los cristianos les miran más bien con tristeza que con esperanza. Rodeado del esplendor de la Gracia de su elección, habiendo Dios escogido a algunos desde antes de la fundación del mundo, no reposará hasta haberles justificado y hechos aceptos en el Amado. ¿No está escrito: «A los que predestinó, a estos también llamó; y a los que llamó, a estos también justificó; y a los que justificó, a estos también glorifico»? (Rom. 8:30). Así es que puedes ver que el Señor ha resuelto justificar a algunos y ¿por qué no estaríamos incluidos tú y yo en este número? Nadie más que Dios pensaría jamás en justificarme a mi. Resultó para mi esto una maravilla. No dudo que la gracia Divina sea igualmente manifiesta en otros. Contemplo a Saulo de Tarso «respirando amenazas y muerte» contra los siervos del Señor. Como lobo rapaz espantaba a las ovejas del Señor por todas partes, no obstante Dios le detuvo en el camino de Damasco y cambió su corazón justificándole del todo, tan plenamente, que muy pronto este perseguidor resultó el más grande predicador de la justificación por la fe que haya vivido sobre la faz de la tierra. Con frecuencia debe de haberse maravillado de haber sido justificado por la fe en Cristo Jesús, ya que antes era un tenaz defensor de la salvación mediante las obras de la ley. Nadie más que Dios podía haber pensado en justificar a un hombre como el perseguidor Saulo. Pero el Señor Dios es glorioso en gracia.

Pero, por si alguien pensara en justificar a los impíos, nadie más que Dios podría hacerlo. Es imposible que persona alguna perdone las ofensas que hayan sido cometidas contra ella misma. Si alguien te ha ofendido gravemente, tu puedes perdonarle, y espero que así lo harás; pero una tercera persona fuera de ti no puede perdonarle. Sólo de ti debe proceder el perdón. Si ha Dios hemos ofendido, está en el poder de Dios mismo perdonar, ya que contra él mismo se ha pecado. Esta es la razón porque David dice en el Salmo 51:4 «A tí, a ti solo he pecado, y he hecho lo malo delante de tus ojos,» pues así Dios contra quien se ha cometido la ofensa, puede perdonarla. Lo que debemos a Dios, nuestro gran Creador puede perdonar, si así le place; y si lo perdona, perdonado queda.

Nadie más que el Gran Dios contra quien hemos pecado, puede borrar nuestro delito. Por consiguiente, acudamos a él en busca de misericordia. Y cuidado que nos dejemos desviar por los hombres, que desean que acudamos a ellos en busca de lo que solo Dios puede concedernos; careciendo de todo fundamento en la Palabra de Dios sus pretensiones. Y aun cuando fuesen ordenados para pronunciar palabras de absolución en nombre de Dios, será siempre mejor que acudamos nosotros mismos en busca de perdón al Señor nuestro Dios, en nombre de Jesucristo, Mediador único entre Dios y los hombres, ya que sabemos de cierto que éste es el camino verdadero.

La religión por encargo es asunto peligroso. Infinitamente mejor y más seguro es que te ocupes personalmente de los asuntos de tu alma y no los encargues a otro. Solo Dios puede justificar a los impíos, y puede hacerlo a perfección. El echa nuestros pecados sobre sus espaldas, los borra, diciendo que aunque se busquen, no se hallarán. Sin otra razón que su bondad infinita ha preparado un camino glorioso mediante el cual puede hacer que los pecados que son rojos como escarlata sean más blancos que la nieve y alejar de nosotros las transgresiones tan lejos como el oriente está del occidente. Dios dice: «No me acordaré de tus pecados,» llegando hasta el punto de aniquilarlos. Uno de los antiguos dijo maravillado: ¿Qué Dios hay como tú, que perdona la maldad y olvida el pecado del remanente de su heredad? No ha guardado para siempre su enojo, porque él se complace en la misericordia. (Miq. 7:18).

No hablamos aquí de justicia, ni del trato de Dios con los hombres, según sus merecimientos. Si piensas entrar en relación con Dios, justo sobre la base de la ley, la ira eterna te aguarda amenazadora por cuanto esto es lo que mereces. Bendito sea su nombre, porque, no nos ha tratado según nuestros pecados; y hoy nos trata en términos de gracia inmerecida y compasión infinita, diciendo: «Les recibiré misericordioso y les amaré de voluntad.» Créelo, porque ciertamente es la verdad que el gran Dios trata al culpable con misericordia abundante. Sí, puede tratar al impío como si siempre hubiera sido piadoso. Lee atentamente la parábola del «hijo pródigo,» y verás como el padre perdonador recibe al hijo errante con tanto amor como si nunca se hubiera extraviado y nunca contaminado con el mundo. Hasta tal punto el padre demostraba su cariño, que el hermano mayor halló en ello motivo para murmurar, no por eso el padre dejó de amarle. Por culpable que fueras, con tal que quieras volver a Dios, te tratará como si nunca hubieras hecho mal alguno. Te considerará justo y te tratará complacido. ¿Qué dices a esto?

Deseo aclarar bien lo glorioso de este caso. Ya que nadie sino Dios pensaría en justificar al impío, y nadie sino él lo podría hacer, ¿no ves como

Dios, bien lo puede hacer? Fíjate en como el apóstol extiende el reto: «¿Quién acusará a los escogidos de Dios? Dios es el que justifica» (Rom. 8:33). Habiendo Dios justificado a una persona, está bien hecho, rectamente hecho, justamente hecho, y para siempre perfectamente hecho. El otro día leí un impreso lleno de veneno contra el evangelio y los que lo predican. Decía que creemos en una teoría por la cual nos imaginamos que el pecado se puede alejar de los hombres. No creemos nosotros en teorías; proclamamos un hecho. El hecho más glorioso debajo del cielo es este, que Cristo por su preciosa sangre real positivamente aleja el pecado y que Dios por amor de Cristo, tratando a los hombres en términos de misericordia divina, perdona a los culpables y los justifica, no según algo que vea en ellos o prevé que habrá en ellos, sino según la riqueza de la misericordia que habita en su propio corazón. Esto es lo que hemos predicado, lo que predicaremos en tanto que vivamos. «Dios es el que justifica,» el que justifica a los impíos.

Él no se avergüenza de hacerlo, ni nosotros de predicarlo. En la justificación hecha por Dios mismo no cabe duda alguna. Si el Juez me declara justo, ¿quién me condenará? Si el tribunal supremo de todo el universo me ha pronunciado justo, ¿quién me acusará? La justificación de parte de Dios es respuesta suficiente para la conciencia despierta. El Espíritu Santo mediante la misma sopla la paz sobre nuestro ser entero y no vivimos ya atemorizados. Mediante tal justificación podemos responder a todos los rugidos y a todas las murmuraciones de Satanás y de los hombres. Esta justificación nos prepara a bien morir, a resucitar y enfrentar el último juicio. Sereno miro ese día: ¿Quién me acusará? En el Señor mi ser confía; ¿Quién me condenará?

Amigo, el Señor puede borrar todos tus pecados. «Todos los pecados serán borrados a los hijos de los hombres» (Mat.12:31). Aunque te hallaras hundido hasta lo máximo en la miseria, él puede con una palabra limpiarte de la lepra, diciendo: «Yo quiero, se limpio.» El Señor Dios es gran perdonador. «Yo creo en el perdón de los pecados.» ¿Crees tú? Aun en este mismo momento, el juez puede pronunciar sentencia sobre ti, diciendo: «Tus pecados te son perdonados: vete en paz.» Y si así lo hace, no hay poder en el cielo, en la tierra, ni debajo de la tierra que te pueda acusar, ni mucho menos condenar. No dudes del amor del Todopoderoso. Tu no podrías perdonar al prójimo, si te hubiera ofendido como tu has ofendido a Dios.

Pero no debes medir la gracia de Dios con la medida de tu estrecho criterio. Sus pensamientos y caminos están por encima de los tuyos tan altos como el cielo está sobre la tierra Bien, dirás tal vez, gran milagro sería que Dios me perdonara a mí. ¡Justo! Sería un milagro grandísimo, y por lo tanto es muy probable que lo haga, porque él hace «grandes cosas e inescrutables» (Job 5:44) para nosotros inesperadas En cuanto a mi, quedé afectado bajo un terrible sentimiento de culpa que me hacía la vida insoportable; pero al oír la exhortación: «¡Mirad a mí y sed salvos, todos los confines de la tierra! Porque yo soy Dios, y no hay otro.» (Isa. 45:22), entonces miré, y en un momento me justificó el Señor. Jesucristo, hecho pecado en mi lugar, fue lo que vi, y esa vista me dio reposo al alma. Cuando los hombres mordidos por las serpientes venenosas en el desierto miraron a la serpiente de metal, quedaron sanos inmediatamente, y así yo al mirar con los ojos de la fe al Salvador crucificado por mí.

El Espíritu Santo, quien me dio la facultad de creer, me comunicó la paz mediante la fe. Tan cierto me sentí perdonado, como antes me había sentido condenado. Había sentido realmente la condenación, porque la Palabra de Dios me lo había declarado, dándome testimonio de ello la conciencia. Pero cuando el Señor me declaró justo, quedé igualmente seguro por los mismos testimonios. Pues la Palabra de Dios dice: «El que en él cree, no es condenado» (Juan 3:18), y mi conciencia me daba testimonio de que creía y de que Dios al perdonarme era justo. Así es que tengo el testimonio del Espíritu Santo y el de la conciencia, testificando ambos a una la misma cosa. ¡Cuánto deseo que el lector reciba el testimonio de Dios en este asunto, y muy pronto tendría también el testimonio en sí mismo!

Me atrevo a decir que un pecador justificado por Dios se halla sobre fundamento más firme que el hombre justificado por sus obras, si tal hombre existiera. Pues nunca tendríamos la seguridad de haber hecho bastantes obras buenas; la conciencia quedaría siempre inquieta en si, después de todo, faltaría algo y solamente descansaríamos sobre la sentencia falible de un juicio dudoso. En cambio, cuando Dios mismo justifica, y el Espíritu Santo le rinde testimonio, dándonos paz con Dios, entonces sentimos que el hecho es firme y muy sólido, y el alma entra en descanso. No hay palabras para explicar la calma profunda que se apodera del alma que recibe esa paz de Dios que sobrepasa todo entendimiento. Amigo, búscala en este mismo momento.

***

Capítulo 3—Justo y Justificador

Acabamos de ver a los impíos justificados y hemos contemplado la gran verdad de que solo Dios puede justificar al hombre. Ahora daremos un paso adelante, preguntando: ¿Cómo puede un Dios justo justificar a los culpables? Contestación plena la hallamos en las palabras del apóstol Pablo, en Rom. 3:21-26. Leeremos seis versículos del capítulo indicado con el objeto de conseguir la idea total del pasaje.

Pero ahora, aparte de la ley, se ha manifestado la justicia de Dios atestiguada por la Ley y los Profetas. Esta es la justicia de Dios por medio de la fe en Jesucristo para todo los que creen. Pues no hay distinción; porque todos pecaron y no alcanzan la gloria de Dios, siendo justificados gratuitamente por su gracia, mediante la redención que es en Cristo Jesús. Como demostración de su justicia, Dios le ha puesto a él como expiación por la fe en su sangre, a causa del perdón de los pecados pasados, en la paciencia de Dios, con el propósito de manifestar su justicia en el tiempo presente; para que él sea justo y a la vez justificador del que tiene fe en Jesús.

Permítaseme rendir un poco de testimonio personal aquí. Hallándome bajo el poder del Espíritu Santo, bajo la convicción del pecado, sentía pesar sobre mi, clara y fuertemente la justicia de Dios. El peso del pecado me abrumaba de manera insoportable. No que tanto temiera yo al infierno, como temía al pecado. Me veía tan terriblemente culpable que recuerdo haber sentido que si Dios no me castigaba por el pecado, faltaría a su deber al no hacerlo. Sentía que el Juez de toda la tierra debía condenar a un pecador como yo. Estaba yo sentado en el tribunal condenándome a mi mismo a la perdición; porque admitía que si yo fuera Dios, no podría hacer otra cosa que enviar a una criatura tan culpable a lo más profundo del infierno.

Todo ese tiempo me preocupaba profundamente de la honra del nombre de Dios y de la equidad de su gobierno moral. Sentía que no estaría satisfecha mi conciencia, si consiguiera yo perdón injustamente. El pecado que había cometido, merecía castigo y debía castigarse. Luego me venía la pregunta: «¿Cómo podría ser Dios justo y no obstante justificar a persona tan culpable como yo?» ¿Cómo puede ser justo y, sin embargo, justificador de los pecadores? Me molestaba y cansaba esta pregunta, y no hallaba contestación a la misma. Imposible para mi inventar respuesta alguna que diera satisfacción a mi conciencia.

Para mi la doctrina de la expiación por la substitución es una de las pruebas más poderosas de la inspiración divina de la Sagrada Escritura. ¿Quién podría haber ideado el plan de que el Rey justo muriera por el súbdito injusto y rebelde? Esta no es doctrina de mitología humana, ni sueño de la imaginación de un poeta. Este método de expiación se conoce por la humanidad únicamente por ser un hecho positivo. La imaginación humana no podría haberlo inventado. Es arreglo, plan y estatuto de Dios mismo; no es cosa del cerebro humano.

Desde la infancia había oído hablar de la salvación por el sacrificio de Jesús; pero en lo profundo de mi alma nada más sabía de ello, estaba en una completa ignorancia. La luz existía, pero yo vivía ciego; de pura necesidad el Señor mismo tuvo que aclararme el asunto. La luz vino como revelación nueva, tan nueva como si nunca hubiese leído en las Escrituras la declaración de que Jesús era la propiciación por el pecado para que Dios fuese justo y justificador del impío. Creo que esto ha de venir como revelación nueva para todo hombre al nacer de arriba, a saber la gloriosa doctrina de la substitución por el Señor Jesús.

Así llegué a comprender la posibilidad de la salvación mediante el sacrificio de substitución, y que todo se había provisto para tal substitución, y que todo se había provisto para la misma. Me fue dado ver que el Hijo de Dios, igual al Padre e igualmente eterno, desde la eternidad había sido constituido cabeza del pacto de un pueblo escogido, para que en esa capacidad sufriera por el mismo para salvarle. En cuanto nuestra caída, en primer término, no fue caída individual, ya que caímos en nuestro representante federal, en «el primer adán», fue posible para nosotros el levantamiento por un segundo representante, a saber por Aquel que se encargó de ser la cabeza del pacto de su pueblo, a fin de ser su «segundo Adán,» Vi que, antes de haber pecado en realidad, había caído por el pecado de mi primer padre; y me regocijo, ya que, por tanto, me fue posible, en sentido jurídico, ser levantado mediante esa segunda Cabeza representativa. La caída de Adán dejó una escapatoria: otro Adán puede deshacer la ruina hecha por el primero.

Cuando me inquietaba respecto a la posibilidad de que un Dios justo me perdonara, comprendí y vi por fe, que él, que es el Hijo de Dios, se hizo hombre y en su propia bendita persona llevó mi pecado en su cuerpo sobre el madero. Vi el castigo (precio) de mi paz sobre él y que por su llaga fui curado (Isa.53:4,5). Querido amigo, ¿has visto tú esto? ¿Has comprendido como Dios puede quedar del todo justo, no remitiendo la culpa ni quitando el filo de la espada, y como él, sin embargo, puede ser infinitamente misericordioso y justificador del impío que acude a él? La razón es que el Hijo de Dios, eternamente glorioso en su persona inmaculada se encarga de satisfacer a la ley sometiéndose a la condena que me correspondía a mi, en consecuencia de lo cual Dios puede quitar mi pecado. Más satisfacción resulta para la ley por la muerte de Cristo que hubiera resultado enviando a todos los transgresores al infierno. El establecimiento más glorioso del gobierno equitativo de Dios resultó sufriendo el Hijo de Dios por el pecado, que sufriendo toda la raza humana.

Jesús ha soportado por nosotros toda la penalidad de la muerte. ¡Contempla esta maravilla! Allí está colgado de la cruz. Esta es la vista más solemne que jamás has contemplado. El Hijo de Dios y el Hijo del hombre, allí elevado en el vil madero, sufriendo penas indecibles, el Justo por los injustos, para llevarnos a Dios. Maravillosísima es tal vista; ¡el Inocente castigado! ¡El eternamente bendito hecho maldición! ¡El infinitamente glorioso sufriendo la muerte ignominiosa! Cuanto más contemplo los sufrimientos del Hijo de Dios, tanto más cierto estoy de que corresponden a mi caso de criminalidad. ¿Por qué sufrió sino para librarnos de la pena merecida? Habiéndola pues, expiado por su muerte, los creyentes en él no necesitan temerla. Así es, y así debe ser, que siendo hecha la expiación, Dios puede perdonar sin alterarse las bases de su tribunal, ni en lo más mínimo cambiar sus estatutos del código. La conciencia halla respuesta plena a su pregunta tremenda. La ira de Dios contra la iniquidad debe ser terrible, más allá de toda concepción humana. Bien dijo

Moisés; «¿Quién conoce el poder de tu ira?» (Salmo 90:11). No obstante al oír al Señor de gloria gritar. «¿Por qué me has desamparado?» (Mat.27:46) y al verle exhalar el último aliento, sentimos que la Justicia Divina ha recibido abundante satisfacción por la obediencia tan perfecta y muerte tan espantosa de parte de persona tan Divina. Si Dios mismo se inclina ante su propia ley, ¿que más se quiere? Hay mucho más en la expiación en sentido de mérito que en todo pecado humano en sentido de demérito.

El vasto mar del sacrificio propio del amor de Jesús es tan profundo que pueden hundirse en él todas las montañas de nuestros pecados. A causa del valor infinito de nuestro Representante, bien puede Dios mirar favorable a los demás seres humanos por indignos que fuesen en si mismos. Ciertamente fue el milagro de los milagros que el Señor Jesús tomara mi lugar.

Sufriendo por mi la fatal condena, Librando mi alma de eterna pena. Pero así lo hizo. «Consumado es» (Juan 19:30). Dios perdonará al pecador, porque no perdonó a su propio Hijo. Dios puede perdonar tus transgresiones, porque cargó en su Hijo unigénito esas transgresiones hace 2000 años. Si crees en Jesús, y esto es lo esencial, entonces debes saber que tus pecados fueron alejados de ti por Aquel que representaba al macho cabrío expiatorio en el culto profético de Israel.

¿Qué es el creer en él? No simplemente decir «Es Dios y Salvador,» sino confiar en él del todo y enteramente, recibiéndole para toda la obra de la salvación desde hoy y para siempre, recibiéndola cual Salvador único, cual Señor, Maestro, todo. Si tu quieres a Jesús, él te ha aceptado ya. Si crees de verdad en él te aseguro que ya no irás al infierno; porque eso haría nulo el sacrificio de Cristo. No es posible que un sacrificio se acepte, y que a pesar de ello muera el alma por la cual se haya aceptado el sacrificio. Si el alma del creyente se pudiera condenar, ¿para qué tal sacrificio? Si Jesús murió en mi lugar, ¿por qué debo morir yo también?

Todo creyente puede afirmar que un sacrificio expiatorio se ha hecho por él; por fe ha colocado su mano sobre el mismo, haciéndole suyo, y por lo mismo puede descansar seguro de que nunca perecerá. El Señor Dios no recibirá este sacrificio hecho por nosotros para luego condenarnos a morir. Dios no puede leer nuestro perdón escrito en la sangre de su propio Hijo y luego herirnos de muerte. Tal cosa es imposible. ¡Dios te conceda la gracia ahora mismo para mirar sólo a Jesús, empezando por el principio, por Jesús mismo, quien es el origen de la fuente de misericordia para el hombre culpable.

«Él justifica al impío.» «Dios es el que justifica,» por tanto y por esa misma razón se puede hacer, y lo hace mediante el sacrificio expiatorio de su Divino Hijo. Por esa razón puede hacerse en justicia, y tan justamente que nadie podrá ponerlo en duda, tan equitativamente que ni en el último y temible día, cuando pasen los cielos y la tierra, habrá quien niegue la validez de esa justificación. «¿Quién es el que condenará? Cristo es el que murió. ¿Quién acusará a los escogidos de Dios. Dios es el que justifica» (Rom. 8:33,34).

Ahora bien, pobre alma, ¿quieres entrar en este refugio tal cual eres? Aquí estarás con perfecta seguridad. Acepta esta salvación cierta y segura. Acaso dirás: «Nada hay en mi que me recomiende.» No se te pide tal cosa. Los que escapan por la vida, dejan la ropa detrás de sí. Refúgiate apresurado tal cual eres.

Te diré algo de mi mismo par animarte. Mi única esperanza de entrar en la gloria descansa en la plena redención de Cristo realizada en la cruz del Calvario por los impíos. En esto descanso firmemente, ni sombra de esperanza tengo en alguna otra cosa. Tu te hallas en la misma condición que yo, pues ninguno de nosotros tiene mérito alguno digno de consideración cual base de confianza. Juntemos, pues, las manos, colocándonos juntos al pie de la cruz, y entreguemos nuestras almas de una vez para siempre al que derramó su sangre por los culpables. Nos salvaremos ambos por un mismo Salvador. Si tu pereces confiando en él, pereceré yo también. ¿Qué más puedo hacer para probarte mi propia confianza en el evangelio que te proclamo?

Capítulo 4—Salvación de Pecar

Quisiera decir unas cuantas palabras sencillas a los que comprenden la idea de la justificación por la fe en Cristo Jesús, pero cuya dificultad consiste en no poder dejar de pecar. No es posible que nos sintamos felices, descansados y espiritualmente sanos hasta que llegamos a ser santificados. Es preciso que seamos librados del dominio del pecado. Pero, ¿cómo se realiza esto? Es este un asunto de vida o muerte para muchos. La naturaleza vieja es muy fuerte y la han procurado refrenar y domar; pero no quiere ceder, y aunque deseosos de mejorarse, se hallan peor que antes. El corazón es tan duro, la voluntad tan rebelde, la pasión tan ardiente, los pensamientos tan ligeros, la imaginación tan indomable, los deseos tan incultos que el hombre despierto siente que lleva en su interior una cueva de bestias salvajes que acabarán por devorarle antes que él logre ejercer dominio sobre ellas. Respecto a nuestra naturaleza caída podemos decir nosotros lo que dijo el Señor a Job, del monstruo marino: «¿Jugarás tu con él como con un pájaro, o lo atarás para tus niñas?» (Job.41:5). Más fácil seria para el hombre poder detener con la mano el viento que refrenar por su propia fuerza los poderes tempestuosos que moran en su naturaleza caída. Esta es una empresa mayor que cualquiera de las fabulosas de Hércules; aquí se necesita a Dios, el Todopoderoso.

«Yo podría creer que Jesús me perdonara el pecado,» dice alguien, pero lo que me molesta es que vuelvo a pecar y que existen inclinaciones terribles al mal en mi ser. Tan cierto como la piedra arrojada al aire, pronto vuelve a caer, así yo; aunque por la predicación poderosa sea elevado al cielo, vuelvo a caer de nuevo en mi estado de insensibilidad. Fácilmente quedo encantado por los ojos de basilisco del pecado permaneciendo bajo el encanto, solo la providencia me hace escapar de mi propia locura.

Estimado amigo, si la salvación no se ocupara de esta parte de nuestro pecado de ruina, resultaría una cosa por demás tristemente defectuosa. Como deseamos ser perdonados, deseamos también ser purificados. La justificación sin la santificación no sería salvación de ningún modo. Tal salvación llamaría al leproso limpio, dejándole morir de lepra; perdonaría la rebelión, dejando al rebelde permanecer enemigo del soberano. Alejaría las consecuencias descuidando y sin fin. Impediría por un momento el curso del río, dejando abierta la fuente de contaminación, de modo que más o menos pronto se abriría una salida con mayor fuerza. Acuérdate que el Señor Jesús vino a quitar el pecado de tres maneras; vino a salvar de la culpa del pecado, del poder del pecado, y de la presencia del pecado. En seguida te es posible llegar a la segunda parte: el poder del pecado se puede quebrantar inmediatamente; y así estarás en el camino a la tercera parte, la salvación de la presencia del El ángel dijo del Señor. «Llamarás su nombre Jesús, porque el salvará a su pueblo de sus pecados» (Mat.1:21). Nuestro Señor Jesús vino para destruir en nosotros las obras del diablo. Lo que se dijo en el nacimiento de nuestro Señor, se declaró también en su muerte; porque al abrirse su costado, salió sangre y agua para significar la doble cura por la cual quedamos salvos de la culpa y la contaminación del pecado.

Si no obstante te apenan el poder del pecado y las inclinaciones de tu naturaleza, como bien pude ser el caso, aquí hay para ti una promesa. Confía en ella, porque forma parte de ese pacto de gracia que está en todo ordenado y firme. Dios que no puede mentir ha declarado en el libro de Ezequiel 36:26; «Os daré corazón nuevo, y pondré espíritu nuevo dentro de vosotros; y quitaré de vuestra carne el corazón de piedra, y os daré corazón de carne.»

Como ves, en todo entra el Yo Divino: Yo -daré -pondré -quitaré -daré. Tal es el modo real de actuar del Rey de reyes, siempre poderoso para ejecutar al punto su soberana voluntad. Ninguna de sus palabras quedará sin cumplir.

Bien sabe el Señor que tu no puedes cambiar tu propio corazón, ni limpiar tu propia naturaleza, pero también sabe que el él es poderoso para hacer ambas cosas. Dios puede cambiar la piel del etíope y extraer las manchas del leopardo. Oye esto, cree y admíralo, él te puede crear de nuevo, hacer que nazcas de nuevo. Esto es un milagro estar al pie de las cascadas del Niágara, y con una palabra manda a la corriente volver atrás y subir arriba el gran precipicio sobre el cual hoy se lanza con poder fantástico. Únicamente el omnipotente poder de Dios podía hacer tal milagro; sin embargo, ese no sería más que un paralelo adecuado a lo que sucedería, si se hiciera retroceder del todo el curso de la naturaleza. Para Dios todo es posible. Él es poderoso para volver atrás el curso de tus deseos, la corriente de tu vida, de modo que en lugar de bajar alejándote de Dios, tengas la tendencia de subir acercándote a Dios. Esto es en realidad lo que el Señor ha prometido hacer con todos los incluidos en el pacto, y sabemos por las Escrituras que todos los creyentes están incluidos en él. Leamos de nuevo sus palabras en Ezequiel 36:26:

Os daré corazón nuevo, y pondré espíritu nuevo dentro de vosotros; y quitaré de vuestra carne el corazón de piedra, y os daré corazón de carne Cuán maravillosa es esta promesa! Y en Cristo es «el sí» y «el amen» para la gloria de Dios por nosotros. Hagámosla nuestra, aceptándola como verdadera, apropiándonosla bien. Así se cumplirá, y en días y años venideros tendremos que cantar del cambio maravilloso que ha obrado la soberana gracia en nosotros.

Muy digno de consideración es el hecho de que, quitando el Señor el corazón de piedra, queda quitado, y cuando esto una vez sea hecho, ningún poder conocido podría jamás quitarnos ese corazón nuevo que nos da y ese espíritu recto que nos infunde. «Porque irrevocables son los dones y el llamamiento de Dios» (Rom. 11:29), es decir, sin arrepentimiento, o cambio de parecer, de parte de Dios, no quitando lo que una vez ha dado. Permite que te renueve y quedarás renovado. Las reformas y limpiezas que emprende el hombre, pronto terminan, porque el perro vuelve a su vómito; pero cuando Dios nos da corazón nuevo, este nos queda para siempre, ni se volverá piedra otra vez. En esto debemos regocijarnos para siempre, entendiendo lo que crea Dios en su reino de gracia.

Para aclarar este asunto de un modo sencillo, ¿has oído la comparación del señor Rowland Hill, acerca del gato y el puerco? Te lo contaré al estilo propio para ilustrar las palabras gráficas del Salvador: «Os es necesario nacer otra vez» (Juan 3:17). ¿Ves ese gato? ¡Cuán limpio es! ¿Ves cómo hábilmente se lava con la lengua y las patas? De verdad, ofrece una vista bonita. ¿Has visto alguna vez a un puerco hacer lo mismo? ¡Claro que no! Tal cosa sería contra la naturaleza del puerco. Este prefiere revolcarse en el lodo. Enseña al puerco a lavarse, y verás cuán poco éxito tendrás. Sería mejora sanitaria, de gran valor si los puercos aprendieran limpieza y aseo. Enséñales a lavarse y limpiarse como hacen los gatos. ¡Trabajo inútil! Puedes limpiar al puerco a la fuerza, pero en seguida volverá a enlodarse, quedando tan sucio como antes. El único modo de hacer que se lave el puerco, como el gato, consiste en transformarlo en gato. Solo así, entonces se lavará y se limpiará, pero no antes.

Supongamos realizada la transformación; lo que antes era imposible o difícil, ahora es fácil, muy fácil, el puerco será de ahora en adelante capaz para entrar a la sala y dormir sobre la alfombra al lado de la chimenea. Así sucede con el impío; ni le puedes forzar a hacer lo que el hombre renovado hace de muy buena voluntad. Puedes enseñar al impío, proporcionándole buenos ejemplos, pero es incapaz de aprender el arte de la santidad, por cuanto carece de facultad y mente para ello; su naturaleza le lleva por otro camino. Cuando Dios le transforma en hombre nuevo, todo cambia de aspecto. Tan marcado es tal cambio que oí a un convertido decir «O todo el mundo ha cambiado o he cambiado yo.» La nueva naturaleza sigue en pos del bien tan naturalmente como la vieja naturaleza anda en pos del mal. ¡Cuán grande bendición es obtener esta naturaleza nueva! Únicamente el Espíritu Santo te lo puede infundir.

¿Te has fijado alguna vez en lo maravilloso del caso cuando el Señor imparte un corazón nuevo y espíritu recto al hombre perdido? Has visto, quizá una langosta que, peleándose con otra, ha perdido una pata, habiéndole crecido después una nueva. Cosa admirable es esto, pero muchísimo más maravilloso es que al hombre se le de un corazón nuevo. Esto, sí que es un milagro, un hecho que sobrepasa todo poder de la naturaleza. Allí está un árbol. Si cortas una de sus ramas, otra podrá crecer en su lugar; pero ¿puedes cambiar su naturaleza, puedes volver dulce la savia amarga, puedes hacer que el espino produzca higos? Podrás injertarle algo mejor, siendo esta la semejanza que la naturaleza nos ofrece de la obra de la gracia; pero el cambiar en absoluto la savia vital del árbol, esto sería un milagro de verdad. Tal prodigio y misterio de poder actúa en Dios en todos los que creen en Cristo Jesús.

Si te sometes a su operación Divina, el Señor transformará tu ser. Él someterá la naturaleza vieja, y te infundirá vida nueva. Confía en el Señor Jesús y él quitará de tu carne el corazón duro de piedra, dándote corazón blando como de carne. Todo lo duro será blando, todo lo vicioso, virtuoso; toda inclinación hacia abajo se elevará con fuerza viva hacia arriba. El león furioso dará lugar al cordero manso; el cuervo inmundo huirá de la paloma blanca; la serpiente engañosa quedará aplastada bajo el pie de la verdad.

Con mis propios ojos he visto tales cambios admirables del carácter moral y espiritual que no desespero de la maldad de nadie. Si no fuera indecoroso, indicaría a mujeres impuras, hoy puras como la blanca nieve, y a hombres blasfemos que actualmente alegran a todos por su conducta y devoción. Los ladrones se transforman en personas honradas, los borrachos en sobrios, los mentirosos en veraces, los burladores en personas sensatas celosas por la causa del Señor. Dondequiera que la gracia de Dios se haya manifestado, ha enseñado al hombre a renunciar a la impiedad y los deseos mundanos, y a vivir templado, justo y santamente en esta época mala; y estimado lector, lo mismo hará la gracia para ti.

«Yo no puedo efectuar este cambio,» me dirás. ¿Quién ha dicho que puedes? Las Escrituras que hemos citado, no hablan de lo que hará el hombre, sino de lo que hará Dios, y a él corresponde cumplir su Palabra en ti, y ciertamente lo hará.

¿Pero cómo se hará? ¿Para qué lo quieres saber? ¿Será necesario que Dios explique su modo de actuar antes de que creas en él? Su proceder en este caso es un gran misterio, el Espíritu Santo lo lleva a cabo. El que ha hecho la promesa es el responsable de su cumplimiento, y su capacidad corresponde perfectamente al caso. Dios que promete efectuar tan asombrosa operación, lo llevará a cabo, sin duda alguna, en todos cuantos por fe reciban a Jesús, porque leemos que «a todos los que le recibieron, les dio potestad de ser hechos hijos de Dios» (Juan 1:11).

¡Qué Dios haga que lo creas! ¡Ojalá que dieras al Señor de gracia el honor merecido de creer que él puede y quiere hacer esto en ti, por gran milagro que fuera! ¡Ojalá que creyeras que Dios no puede mentir! ¡Ojalá que confiaras en él, a fin de que te diera un corazón nuevo y un espíritu recto, ya que él es poderoso para hacerlo! ¡Que el Señor te conceda fe en sus promesas, fe en su Hijo,, fe en el Espíritu Santo, fe en él mismo! Así sea. Y a él serán dadas alabanza, honra y gloria para siempre. Amen

***

Capítulo 5—Por Gracia Mediante la Fe

Creo conveniente insistir en un punto especial, con el objeto de suplicar al lector observe en espíritu de adoración el origen de la fuente de nuestra salvación que es la gracia de Dios. «Porque por gracia sois salvos por medio de la fe» (Efe.2:8). Los pecadores son convertidos, perdonados, purificados, salvos, todo porque Dios es lleno de gracia. No es porque pueda haber algo en ellos que les recomiende para ser salvos, sino que se salvan por el amor infinito, por la bondad, por la compasión, misericordia y gracia de Dios. Detente, pues, por un momento en el origen de la fuente. Contempla el río cristalino del agua de vida que brota del trono de Dios y del Cordero.

¡Qué profundidad de la gracia de Dios! ¿Quién sondeará su profundidad? Semejante a los demás atributos de Dios es infinita. Dios es lleno de amor, porque «Dios es Amor.» (1Juan 4:8). Bondad infinita y amor infinito forman parte de la esencia de la Divinidad. Por la razón de que «para siempre es su misericordia» (Salmo 107:1), no ha echado a la humanidad a la perdición. Y ya que no cesan sus compasiones, los pecadores son conducidos a sus pies y hallan perdón.

Acuérdate bien de esto, para que no caigas en el error fijándote demasiado en la fe que es el conducto de la salvación, podrías olvidarte de la gracia que es la fuente y origen aun de la fe misma. La fe es obra de la gracia de Dios en nosotros. Nadie puede decir que Jesús es Cristo, el Ungido, sino por el Espíritu Santo. «Ninguno puede venir a mi,» dice Jesús, «si el Padre que me envió, no le trajere» (Juan 6:44). Así es que esa fe que acude a Cristo es resultado de la obra Divina. La gracia es la causa activa, primera y última de la salvación; y esencialmente necesaria, como es la fe, no es mas que parte indispensable del método que la gracia emplea. Somos salvos «mediante la fe,» pero la salvación es «por gracia.» Proclámense estas palabras, como con trompeta de arcángel: «por gracia sois salvos.» ¡Cuán buena nueva es esta para los indignos!

Se puede comparar la fe a un conducto. La gracia es la fuente y la corriente; la fe es el canal por el cual fluye el río de misericordia para refrescar a los hombres sedientos. Será una gran lástima cuando se haya roto el canal. Una vista muy triste ofrecen muchos canales costosos en los alrededores de Roma, que ya no conducen más el agua a la ciudad, porque los arcos están rotos y esas obras admirables están en ruinas. El canal debe mantenerse completo para conducir la corriente, y así la fe debe ser verdadera y sana dirigida en rectitud a Dios y bajando directamente a nosotros para que resulte un conducto útil de misericordia para nuestras almas.

Otra vez te recuerdo que la fe solo es el conducto o canal y no la fuente, y que no debemos fijarnos tanto en ella que la elevemos por encima de la fuente de toda bendición que es la gracia de Dios. No te construyas nunca un Cristo de tu fe, ni pienses en ella como si fuese la fuente indispensable de salvación. Hallamos la vida espiritual por una mirada de fe al Crucificado, no por una mirada a nuestra fe. Mediante la fe todas las cosas nos son posibles; sin embargo, el poder no está en la fe, sino en Dios, en quien la fe se derrama. La gracia es la locomotora y la fe es la cadena, mediante la cual el vehículo del alma se ata a la gran fuerza motriz. La justicia de la fe no es la excelencia moral de la fe, sino la justicia de Cristo Jesús que la fe acepta y se apropia. La paz del alma no se deriva de la contemplación de nuestra fe, sino nos viene de Aquel que «es nuestra paz,» del borde de cuyo vestido la fe toca, saliendo de él la virtud que inunda el alma.

Aprende de esto, pues, querido amigo, que la flaqueza de tu fe no te echará a la perdición. Aun una mano temblorosa podrá recibir una dádiva de oro precioso. La salvación nos puede venir por una fe tan pequeña como un grano de mostaza. La potencia se encuentra en la gracia de Dios, no en nuestra fe. Importantísimos mensajes se mandan por alambres débiles, y el testimonio del Espíritu Santo que comunica paz, puede llegar al corazón mediante una fe tan pequeña que apenas merezca tal nombre. Piensa más en AQUEL que miras, que en la mirada. Es preciso quitar la vista de tu propia persona y de los alrededores para no ver a otro que «solo Jesús» y la gracia de Dios en él revelada.

***

Capítulo 6—¿Qué es la Fe?

¿Qué es esa fe, de la cual se dice: «Por gracia sois salvos mediante la fe»? Existen muchas explicaciones de la fe; pero casi todas las que he visto, me han dejado más ignorante que antes de leerlas. Podemos explicar la fe hasta que nadie la entienda. Cierto predicador dijo al leer un capítulo de la Biblia que iba a embrollarlo, lo que probablemente hizo, si bien intentaba decir que iba a explicarlo. Espero que no me haga culpable del mismo error. La fe es la cosa más sencilla del mundo, y tal vez por esta misma sencillez sea más difícil la explicación.

¿Qué es fe?: Podemos decir que la fe se compone de tres cosas: conocimiento, creencia y confianza. Primero, viene el conocimiento. ¿Cómo creerán a Aquel de quien no han oído? (Rom. 10:14). Necesito saber de un hecho antes de que me sea posible creerlo. La fe es por el oír (Rom. 10:17). Es preciso oír para saber lo que se ha de creer. «En ti confiarán los que conocen tu nombre» (Salmo 9:10). Algún conocimiento es esencial para la fe; de aquí la importancia de conseguir conocimiento. «Inclinad vuestro oído, y venid a mi; oíd, y vivirá vuestra alma» (Isa. 55:3), tal era la palabra del profeta antiguo, y tal es la palabra del evangelio todavía. Escudriña las Escrituras y aprende lo que el Espíritu santo enseña respecto a Cristo Jesús y su salvación. «Porque es necesario que el que se acerca a Dios crea que el existe, y que es galardonador de los que le buscan» (Heb. 11:6). ¡Que el Espíritu Santo te conceda espíritu de conocimiento y de temor del Señor! Entérate del evangelio: de su buena nueva, de como habla del perdón gratuito, del cambio de corazón, de la adopción en la familia de Dios, y de bendiciones innumerables de otras clases. Entérate especialmente de Cristo Jesús, el Hijo de Dios, el Salvador de los pecadores, unido con nosotros por la naturaleza humana, no obstante, de ser Uno con Dios, siendo así idóneo para actuar como Mediador entre Dios y los hombres, capacitado para colocar su mano sobre ambos y ser el eslabón entre el pecador y el juez de toda la tierra. Procura conocer a Cristo Jesús más y más. Procura conocer de un modo especial la doctrina del sacrificio expiatorio de Cristo, ya que el punto principal en la fe salvadora se fija principalmente en este: «Dios estaba en Cristo reconciliando consigo al mundo, no tomándoles en cuenta a los hombres sus pecados» (2Cor. 5:19).

Procura saber que Jesús fue hecho por nosotros maldición, como está escrito: «Maldito todo el que es colgado de un madero» (Gál. 3:13). Aprópiate bien de la doctrina de la substitución de Cristo; porque en ella está el más bendito consuelo para los hijos de los hombres culpables, puesto que Dios «le hizo pecado por nosotros, para que nosotros fuésemos hechos justicia de Dios en él» (2Cor. 5:21). La fe comienza por el conocimiento.

De aquí pasa el alma a la creencia de que estas cosas son verdaderas. El alma cree que Dios existe y que oye el clamor de los corazones sinceros, que el evangelio procede de Dios, que la justificación por la fe es la gran verdad que Dios ha revelado en estos últimos tiempos con más claridad que antes. Luego, el corazón cree que Jesús en realidad de verdad es nuestro Dios y Salvador, el Redentor de los hombres, el Profeta, Sacerdote y Rey de su pueblo. Todo esto lo acepta el alma como verdad cierta y fuera de toda duda. Pido a Dios que llegues a esta fe en seguida. Afírmate bien en la creencia de que la sangre de Jesucristo, el Hijo de Dios, nos limpia de todo pecado; que su sacrificio expiatorio fue perfecto y plenamente aceptado por Dios en lugar del hombre, ya que el que cree en Jesús, no es condenado. Cree en estas verdades, como crees en otras afirmaciones, porque la diferencia entre la fe común y la fe salvadora consiste principalmente en los objetos de la creencia. Cree en el testimonio de Dios, como crees en el testimonio de tu propio padre o de algún amigo. «Si recibimos el testimonio de los hombres, mayor es el testimonio de Dios» (1 Juan 5:9).

Hasta aquí has ido adelantando en el camino de la fe; solo falta una parte más para completarla, a saber la confianza. Entrégate confiado al Dios de misericordia; pon tu confianza en el evangelio de gracia; abandona tu alma confiadamente al Salvador muerto y resucitado por ti; contempla confiando la limpieza de tus pecados en la sangre expiatoria de Jesús;

acepta cual tuya su Justicia Perfecta, y todo estará bien. La confianza es la esencia vital de la fe, sin ella no hay fe salvadora. Los puritanos solían explicar la fe usando la palabra «reclinación,» en el sentido de apoyarse reclinado sobre algo. Apóyate con todo tu peso sobre Cristo. Me expresaría más claramente, si dijera: Extiéndete, recuéstate sobre la Roca de los siglos. Abandónate en los brazos de Jesús, entrégate, descansa en él. Habiéndole hecho así, has puesto la fe en práctica. La fe no es cosa ciega, puesto que principia por el conocimiento. No es cosa de conjeturas, por cuanto la fe se funda en hechos ciertos. No es cosa de sueños, porque la fe encomienda su destino reposadamente a la verdad de la revelación Divina. Esto es un modo de explicar la fe. No se si solo he logrado embrollar el asunto.

Permítaseme otra prueba. La fe es creer que Cristo es lo que se dice ser, que hará lo que ha prometido hacer y esperar que cumpla lo prometido. Las Escrituras hablan de Jesucristo como Dios, Dios manifestado en carne humana; como perfecto en su carácter, como sacrificio expiatorio por nuestros pecados, como quien lleva nuestros pecados en su cuerpo sobre el madero. Las escrituras hablan de él como de quien ha acabado con la trasgresión, concluido el pecado e introducido la justicia eterna. La Biblia nos dice, además, que resucitó de los muertos, que vive para siempre intercediendo por nosotros, que ha ascendido a la gloria, tomando posesión de ella en favor de su pueblo y que pronto volverá para «juzgar al mundo con justicia y a los pueblos con rectitud» (Salmo 98:9). Debemos creer firmemente que así es, ya que así lo hizo saber Dios el Padre, diciendo: «Este es mi Hijo amado; a él oíd» (Luc. 9:35). A este rinde testimonio también el Espíritu Santo, porque él ha testificado de Cristo tanto por la palabra inspirada como por diversos milagros y su obra en los corazones de los hombres. Nos es preciso creer que es verdadero este testimonio.

La fe cree también que Cristo hará lo que ha prometido, él prometió no echar a nadie fuera, de los que acuden a él, es cierto que no nos echará a nosotros si acudimos a él. La fe cree que, habiendo dicho: «El agua que yo le daré, será en él una fuente de agua que salte para vida eterna» (Juan

4:14), esto debe ser verdad, de modo que si nosotros recibimos de Cristo esta agua de vida, permanecerá en nosotros y saltará en nosotros como corrientes de una vida santa. Cualquier cosa que Cristo haya prometido hacer, la hará, y debemos creerlo, ya que de su mano esperamos el perdón, la justificación, la protección, y la gloria eterna, todo según lo prometido a los que creen en él.

Luego, viene el siguiente paso necesario. Jesús es lo que se dice ser, Jesús hará lo que ha prometido hacer, y por lo tanto debemos cada cual confiar en él, diciendo: «Será para mi, lo que ha dicho ser y lo que ha prometido hacer, y yo me entrego en las manos del que se ha encargado de la salvación para que me salve a mi. Descanso en su promesa confiando en que hará lo que ha dicho.» Tal es la fe salvadora, y quien la posee, tiene vida eterna. Cualquiera que fuesen los peligros y pruebas, tinieblas y temores, debilidades o pecados, el que así cree en Cristo Jesús no es condenado, ni vendrá jamás a condenación.

Deseo que te sirva para algo esta explicación. Confío en que el Espíritu de Dios lo usará para llevarte lector, a la paz inmediatamente. «No temas; cree solamente» Mar. 5:36). Confía y reposa en paz.

Pero temo que el lector quede contento con el simple conocimiento de lo que sea preciso hacer sin nunca hacerlo. Mejor es la fe más pobre actuando que el mejor conocimiento en las regiones de la fantasía. Lo principal es creer de verdad en Jesús, en este mismo momento. No te preocupes de distinciones y definiciones. El hambriento come sin comprender la composición química de los alimentos, la anatomía de la boca y el proceso digestivo; vive porque come. Otro mucho más sabio comprende perfectamente la ciencia de la nutrición, pero si no come, morirá a pesar de su conocimiento. Sin duda, hay muchos en el infierno que comprendieron bien la doctrina de la fe pero que dejaron de creerla. Por otra parte, ni uno de los que confiaron en el Señor Jesús perecieron, aun cuando nunca supieron explicar bien su fe. Querido lector, recibe al Señor Jesús, cual único Salvador de tu alma, y vivirás eternamente. «El que en él cree tiene vida eterna» (Juan 3:36).

***

Capítulo 7— ¿Cómo se puede aclarar la Fe?

Para aclarar aún más el asunto de la fe daré aquí unos cuantos ejemplos. Aunque solo el Espíritu Santo puede dar vista al ciego tanto mi deber como placer es proporcionar al lector toda la luz que me sea posible, pidiendo al Señor que habrá los ojos de los ciegos. Que Dios haga que el lector pida lo mismo.

La fe tiene sus semejanzas en el cuerpo humano. Es el ojo que mira las cosas. Por el ojo introducimos en la mente los objetos lejanos. Por una mirada podemos en un momento introducir en la mente al sol y las estrellas lejanas. Así, por la fe o confianza podemos hacer que Jesús se nos acerque, y que aunque esté en el lejano cielo, entre en nuestro corazón. Tan solo mira a Jesús, porque contiene la pura Verdad el cántico que dice: Vida hay por mirar a Jesús... La mirada de fe al momento la vida te da.

La fe es la mano que toma. Cuando la mano toma y se apropia de algo, hace precisamente lo mismo que la fe al apropiarse de Cristo y las bendiciones de la redención. La fe dice: «Jesús es mío.» La fe oye hablar de la sangre mediante la cual hay perdón y exclama: La recibo para perdón de mis culpas. La fe dice que son suyas los legados de Jesús, y dice bien porque la fe es la heredera de Cristo habiéndose dado a sí mismo y todo lo que tiene a la fe. Aprópiate, amigo, lo que la gracia te ha legado. No resultarás hurtador, porque tienes permiso Divino: «El que quiere, tome del agua gratuitamente» (Apoc. 22:17). El que puede conseguir un tesoro sencillamente por tomarlo con la mano, será loco si permanece pobre.

La fe es la boca que se alimenta de Cristo. Antes de que la comida nos alimente, es preciso tomarlo. Cosa tan sencilla es comer y beber. De buena gana tomamos en la boca el alimento permitiendo que baje en el cuerpo, donde se absorbe constituyéndose parte del mismo. Pablo en Romanos 10:8; dice: «Cerca de ti está la palabra, en tu boca.» Así es que lo que resta por hacer es permitir que baje al alma. ¡Ojalá que la gente tuviera hambre espiritual! Pues, el hambriento que ve la comida delante de si, no necesita aprender a comer. Dame un cuchillo, un tenedor y la oportunidad, dijo alguien. Para los demás estaba plenamente preparado. En verdad, un corazón hambriento y sediento de Cristo, solo necesita saber que esta invitado para recibirle en seguida. Si te hallas en esta condición, no vaciles en recibirle, puedes estar seguro de que nunca serás reprendido por hacerlo, porque «a todos los que le recibieron, les dio potestad de ser hechos hijos de Dios» (Juan 1:12) El no rechaza a nadie de todos cuantos a él acuden, sino les recibe y les autoriza a permanecer como hijos eternamente.

Las ocupaciones ordinarias de la vida ilustran también la fe de varios modos. El agricultor deposita su semilla en la tierra confiando en que no solo viva sino que se multiplique. Tiene fe en el arreglo del pacto de que la siembra y la cosecha no cesarán, y queda recompensada así su fe.

El comerciante entrega su dinero al cuidado de un banquero, confiando del todo en su honradez y en la solidez de su banco. Entrega su capital en manos de otro, y se siente más tranquilo que si guardara el oro en su propia casa.

El marinero se encomienda al mar ondulante. Al nadar quita los pies del fondo y descansa en las olas del océano. No podría nadar, si no se abandonara del todo al elemento líquido.

El platero pone su oro precioso en el fuego que parece ávido de consumirlo, pero lo saca de nuevo, purificado por el calor del horno.

En cualquier esfera de la vida puedes ver la fe en operación entre hombre y hombre, o entre hombre y ley natural. Ahora bien, precisamente como en la vida diaria practicamos la confianza, así debemos hacerlo respecto a Dios, según se nos revela en Cristo Jesús.

La fe existe en diferentes personas según su medida de conocimiento o crecimiento en la gracia. A veces la fe no es más que un sencillo apego a Cristo; un sentimiento de dependencia y de voluntad de vivir dependiente. En la orilla del mar verás a ciertos moluscos pegados a las rocas. Camina suavemente roca arriba, pega al molusco con el bastón, y verás como queda suelto en seguida. Repítelo con otro molusco cercano. Este ha oído el golpe, ha quedado avisado, y se pega con toda su fuerza a la roca. No le soltarás, no. Pégale tanto como quieras. Más bien romperás el bastón a que se suelte el molusco. El pobre no sabe mucho, pero sabe pegarse a la roca. Sabe pegarse y tiene algo firme a que hacerlo; esto es todo su conocimiento y lo usa para su seguridad y salvación. Apegarse a la roca es la vida del molusco, y la vida del pecador es apegarse a Cristo. Miles de almas del pueblo de Dios no tienen más fe que esta; acogerse de todo corazón a Jesús, y esto basta para su paz actual y para su seguridad eterna. Jesús es para ellas un Salvador fuerte y poderoso, una roca inmovible e inmutable; a ella se aferran vivamente y este apego les salva. Amigo, ¿no podrás tu apegarte a Cristo también? Hazlo ahora mismo.

La fe se manifiesta cuando una persona confía en otra con motivo del conocimiento de su superioridad. Esta fe es de más alta categoría: fe que conoce y reconoce la razón de su dependencia actuando conforme a tal conocimiento. Poco conocerá el molusco de la roca; pero conforme vaya creciendo la fe resulta más inteligente. Un ciego se entrega a su guía, porque sabe que este tiene vista y confiando en él, anda por donde él le conduzca. Si el pobre nació ciego no tiene idea de lo que es la vista, pero sabe que existe tal cosa, y por lo tanto coloca su mano en la mano del guía dejándose llevar. (2Cor. 5:7). «Bienaventurados los que no vieron, y creyeron» (Juan 20:29). Aquí «Andamos por fe, no por vista» tenemos tan buen ejemplo de la fe como puede haber: sabemos que Jesús posee la virtud, el poder y la bendición que no poseemos nosotros, y, por lo tanto, nos entregamos a él, para que sea para nosotros lo que no podemos ser para nosotros mismos. Nos entregamos a él confiados como el ciego al guía, seguros de que nunca abusará de nuestra confianza, ya que «nos ha sido hecho por Dios sabiduría, justificación, santificación y redención» (1Cor. 1:30).

Todo niño que frecuenta la escuela ejerce fe al aprender del maestro. Este le enseña geografía, instruyéndole respecto a la forma de la tierra y la existencia de ciertos países y grandes ciudades. El niño no sabe que estas cosas son verdaderas, a menos que tenga fe en el maestro y en los libros que usa. Esto es lo que te toca hacer en orden a Cristo, si quieres ser salvo. Es preciso que lo sepas porque él te lo dice; que crees que es así, porque él te lo asegura; que te entregues a él, porque te promete que el resultado será la salvación presente y eterna. Casi todo lo que tu y yo sabemos nos ha venido por la fe. Se ha hecho un descubrimiento científico y estamos seguros de ello. ¿Por qué razón lo creemos? Por la autoridad de ciertos científicos muy conocidos, cuya reputación ha quedado establecida. Nunca hemos visto sus experimentos, pero creemos su testimonio. Es preciso que hagas lo propio en orden al Señor Jesús. Ya que él te enseña ciertas verdades, debes actuar como discípulo creyendo su palabra. Ya que él a realizado cierta obra magna, debes actuar como recipiente encomendándote a su gracia. Él es tu superior en grado infinito recomendándose a tu confianza cual Maestro supremo y Señor de señores. Si le recibes a él y su palabra, de cierto serás salvo.

Otra forma de fe superior es la que nace del amor. ¿Por qué confía el niño en su padre? La razón es que el niño ama a su padre. Bienaventurados y dichosos son los que tienen una fe infantil en Cristo, mezclada con profunda afección, porque esta fe y confianza proporciona verdadera tranquilidad y reposo al alma. Estos que aman a Jesús viven encantados de la hermosura y de sus atributos, se gozan grandemente en su misión y son transportados de alegría por su bondad y gracia manifiestas. Así es, que no pueden por menos de confiar en él, ya que tanto le admiran, reverencian y aman.

Esta confianza en el salvador se evidencia por ejemplo de la esposa de uno de los primeros médicos de este siglo. Aunque afligida de cierta grave enfermedad y postrada por su rigor, disfruta ella de calma y quietud admirables, porque su esposo ha hecho estudio especial de esa enfermedad y curado a miles de afligidos como ella. No se inquieta en lo más mínimo, porque se siente perfectamente salva en las manos de uno tan apreciado como el esposo, en quien la habilidad y amor se juntan en sumo grado. Su fe es natural y razonable y el esposo lo merece de su parte en todos los sentidos.

Esta clase de fe es la que el creyente más dichoso ejerce respecto a Cristo. No hay médico como él; nadie puede salvar y sanar como él. Le amamos y él nos ama a nosotros, y por consiguiente nos entregamos en sus manos, aceptamos lo que nos prescribe y hacemos lo que nos manda. Estamos seguros de que nada erróneo se nos manda mientras que él sea el Director de nuestros asuntos; porque nos ama demasiado para permitir que perezcamos o suframos la más mínima pena innecesaria.

La fe es la raíz de la obediencia, y esto puede verse con toda claridad en los asuntos de la vida. Cuando el capitán confía el buque al piloto para que lo lleve al puerto, este lo maneja según su conocimiento y voluntad. Cuando el viajero se confía al guía para que lo conduzca a través de algún lugar difícil, este sigue paso a paso el sendero que el guía le señale. Cuando el enfermo cree en el médico, sigue cuidadosamente sus prescripciones y direcciones. La fe que rehusa obedecer los mandamientos del Salvador no es más que un pretexto y no salvará jamás al alma. Confiamos en Jesús para que nos salve, dándonos él las indicaciones necesarias respecto al camino de la salvación; seguimos estas indicaciones y somos salvos. No se olvide de esto el lector. Confíate a Jesús y dale pruebas de tu confianza haciendo lo que te diga.

Cierta forma notable de fe nace del conocimiento verdadero. Esto resulta del crecimiento en gracia; y es esta la fe que cree en Cristo, porque le conoce y confía en él, porque tiene la experiencia de que es infaliblemente fiel. Cierta señora cristiana solía poner P.P., en el margen de su Biblia siempre que hubiese puesto a prueba alguna promesa. ¡Cuán fácil es confiar en un Salvador puesto a prueba y hallado verdadero! No puedes hacer esto todavía, pero lo harás. Todo requiere un principio. A su tiempo será fuerte tu fe. Esta fe madura no pide señales y milagros sino cree fuertemente. Contempla al marino maestro. Muchas veces le he admirado. Suelta los cables, se aleja de tierra. Pasan días, semanas, acaso meses sin que vea tierra . No obstante, prosigue adelante noche y día sin temor, hasta que se halle una mañana precisamente al frente del deseado puerto, hacia el cual se ha dirigido. ¿Cómo ha podido hallar el camino a través del profundo mar sin rastro de huella? Pues ha confiado en su brújula, en su carta marina, en sus binoculares, en los cuerpos celestes; y obedeciendo sus indicaciones, sin ver tierra, ha dirigido su buque tan exactamente que ni un punto tenga que variar el curso para entrar en el puerto. Es cosa maravillosa, es admirable ese modo de navegar sin vista terrestre. Espiritualmente es cosa bendita dejar del todo fuera de vista y sentimentalismo las playas de la tierra, diciendo «Adiós» a los sentimientos interiores, acontecimientos providenciales animadores, señales y maravillas, etc. Es glorioso hallarse lejos en el océano del amor Divino muy adentro, creyendo en Dios y dirigiendo el curso directamente hacia el cielo por las direcciones de la carta marina, la Palabra de Dios. «Bienaventurados los que no han visto, y sin embargo han creído,» a éstos «será abundantemente administrada la entrada en el reino eterno de nuestro Señor» y buena protección en el viaje. ¿No querrá el lector poner su confianza en Dios manifestado en Cristo Jesús? En él confío yo contento. Amigo, ven conmigo, y cree en nuestro Padre y nuestro Salvador. ¡Ven sin tardar!

***

Capítulo 8—¿Por qué nos salvamos, por la Fe?

¿Por qué se ha escogido la fe cual medio de salvación? Sin duda se hace con frecuencia esta pregunta. «Porque por gracia sois salvos por medio de la fe» (Efe. 2:8), es sin contradicción una de las doctrinas de las Escrituras, plan y arreglo de Dios; ¿pero por qué es así? ¿Por qué se ha escogido la fe y no mas bien la esperanza, el amor o la paciencia?

Nos conviene la modestia al contestar esta pregunta, porque los caminos de Dios no son siempre comprensibles, ni se nos permite ser presuntuosos, poniéndolos en duda. Quisiéramos responder humildemente que, en cuanto comprendamos nosotros, se ha elegido la fe cual medio de la gracia, porque en la fe hay una capacidad natural propia para servir de recibidor. Supongamos que voy a dar una limosna a un pobre; la pongo en sus manos, ¿por qué? No sería lo mismo ponérsela en sus oídos, o en los pies; la mano parece haber sido hecha a propósito para recibir. Así en nuestra constitución mental, la fe se ha creado a propósito para recibir: es la mano del alma que tiene la capacidad de recibir la gracia.

Permítaseme decir esto con mucha claridad. La fe que recibe a Cristo es un hecho tan sencillo como cuando un niño recibe de ti una manzana, porque tu la das con tu mano prometiéndosela, si viene a tomarla. En este caso la fe y el recibir se refieren a una manzana; pero constituyen precisamente el mismo hecho que tratándose de la salvación eterna. Lo que es la mano del niño en orden a la manzana, esto es tu fe en orden a la salvación perfecta de Cristo. La mano del niño no hace la manzana, ni la mejora, ni la merece; solo la acepta. Y la fe se ha elegido por Dios para ser la receptora de la salvación, porque no pretende crear la salvación, ni ayudar a mejorarla, sino está contenta de recibirla humildemente. «La fe es la lengua que pide perdón, la mano que la recibe, el ojo que la ve, pero no es el precio que la compra.» La fe nunca hace para sí su propia defensa, sino descansa todo su argumento en la sangre de Cristo.. Ella viene a ser la sirvienta que trae las riquezas del Señor Jesús al alma, pues reconoce de quien las recibió y confiesa que únicamente la gracia se las encargó.

Por otra parte se escogió sin duda la fe,, porque ella da toda la gloria a Dios. La salvación es mediante la fe para que sea por gracia, y es por gracia para que nadie se gloríe, porque Dios no tolera el orgullo. «Al altivo mira de lejos» (Salmo 138:6), y no desea tenerlo más de cerca. De ningún modo concederá la salvación a nadie sobre un plan que incluya o fomente el orgullo. Pablo dice: «No por obras para que nadie se gloríe» (Efe. 2:9). Ahora bien, la fe excluye toda gloria. La mano que recibe la limosna no dice: «Debes darme gracias, porque he aceptado la limosna;» esto sería un gran absurdo. Cuando la mano lleva el pan a la boca, no dice al cuerpo: «Dame gracias, porque yo te alimento.» Cosa muy sencilla es la que hace la mano, sin embargo muy necesaria, y nunca se atribuye gloria alguna por lo que hace. Así es que Dios ha escogido la fe para recibir el don inefable de su gracia, por cuanto no puede atribuirse crédito alguno sino en cambio adorar al Dios de toda gracia que es Dispensador de toda dádiva perfecta. La fe pone la corona en la cabeza del Digno y por lo mismo Cristo quiso poner la corona sobre la cabeza de la fe, diciendo: «Tu fe te ha salvado; vete en paz» (Luc. 7:50).

Además, Dios escoge la fe como medio de salvación, porque esto es un modo seguro de unir al hombre con Dios. Cuando el hombre confía en Dios, resulta esta confianza un punto de contacto entre ellos que garantiza la bendición de parte del Señor. La fe no salva, porque nos hace acogernos a Dios y así nos une a él. Con frecuencia he usado el ejemplo siguiente que debo repetir por no tener otro mejor. Se dice que, hace años, un bote volcó sobre las cataratas del Niágara siendo llevados corriente abajo dos hombres, cuando los espectadores en la orilla llegaron a echarles una cuerda, a la cual los dos se acogieron. Uno de ellos permanecía agarrado a la cuerda y fue rescatado sano y salvo a tierra. Pero el otro viendo una viga grande flotando en el agua, dejó imprudentemente la cuerda y se acogió a la viga que le parecía una cosa más grande y mejor para aferrarse a ella. Pero, la corriente formidable lanzó la viga con el hombre al abismo, porque no había contacto entre la viga y la orilla. El tamaño respetable de la viga no hizo bien alguno al pobre que se tomó de ella; lo que faltaba era contacto con la tierra. Así cuando una persona confía en sus obras, en sacramentos u otra cosa de semejante naturaleza, no se salvará, porque no hay unión entre él y Cristo; pero la fe, aun cuando parezca cuerda delgada, está en las manos de Dios en la orilla; su poder infinito jala de la cuerda y así se rescata al hombre de la perdición. Gloriosa bienaventuranza es la fe, porque mediante la misma quedamos unidos a Dios.

Por otra parte, se ha escogido la fe, porque ella toca los resortes de la acción. Aun en las cosas ordinarias de la vida, cierta clase de fe esta a la raíz de todo. Pienso que acaso no me equivoco, si afirmo que nada hacemos sino mediante alguna clase de fe. Si atravieso mi habitación, es porque creo que me llevarán mis piernas. El hombre come, porque cree en la necesidad de alimentarse; acude a su negocio, porque cree que hay valor en el dinero; acepta una letra, porque cree que el banco lo protegerá. Colón descubrió América, porque creía que otro continente había al otro lado del océano; y los puritanos lo colonizaron, porque creían que Dios estaría con ellos en esas orillas de rocas. Las obras más grandes han nacido de la fe; para bien o para mal la fe obra maravillas mediante la persona en que existe. La fe en su forma natural es una fuerza vencedora que entra en toda clase de obra humana. Es probable que quien más se burle de la fe en Dios, es el que de ella más tiene de mala calidad; en verdad este es quien cae en una credulidad que diríamos ridícula, si no fuera tan desgraciada. Dios concede la salvación a la fe, porque creando la fe en nosotros, toca el resorte principal de nuestros sentimientos y acciones. Para decirlo así, se apodera de las baterías pudiendo así enviar la corriente sagrada a todas partes de nuestro ser. Al creer en Cristo, habiéndose acogido el corazón a Dios, somos salvos del pecado, siendo llevados al arrepentimiento, a la santidad, al celo santo, a la oración, a la consagración y toda otra forma de la Divina gracia. «Lo que es el aceite para las ruedas; lo que son las pesas para el reloj, las alas para el pájaro, las velas para el buque, esto es la fe para los deberes y servicios santos.» Ten fe, y todas las demás gracias serán el resultado y continuarán viniendo.

Además, la fe tiene la virtud de actuar por el amor; empuja las afecciones hacia Dios y el corazón hacia las cosas mejores, que agradan a Dios. El que cree en Dios, amará a Dios sin falta. La fe es cosa del entendimiento, no obstante procede también del corazón. «Con el corazón se cree para justicia» (Rom. 10:10), y por tanto Dios concede la salvación a la fe, porque esta vive junto de las afecciones y es pariente cercano del amor, siendo el amor la madre y nodriza de todo acto y sentimiento santo. El amor a Dios equivale a obediencia, el amor a Dios es santidad. El amar a Dios y amar al prójimo es llegar a ser conforme a la imagen de Cristo, lo que significa salvación.

Por otra parte, la fe produce paz y gozo. Quien la tiene, descansa tranquilo y disfruta de contento y gozo, lo que es cierta preparación para el cielo. Dios concede todos los dones celestes a la fe, entre otras razones porque la fe actúa en nosotros la vida y el espíritu que serán eternamente manifiestas en el mundo mejor de la gloria. La fe nos procura la armadura para la vida presente y proporciona la educación para la venidera. Ella pone al hombre en condiciones tanto para vivir como para morir sin temor, le prepara tanto para el trabajo como para el sufrimiento. De aquí que el Señor la ha escogido como el medio más a propósito para comunicarnos la gracia y mediante la misma asegurarse de nosotros para la gloria.

Por cierto, la fe nos sirve mejor que cualquier otra cosa proporcionándonos paz y gozo y descanso espiritual. ¿Por qué procuran los hombre conseguir la salvación por otros medios? Dice un teólogo de los antiguos: «Un criado necio, a quien se manda a abrir una puerta, pone su hombro contra la misma empujándola con todas sus fuerzas, pero la puerta no cede, no se mueve, y no puede entrar por mucho que se esfuerza. Otro viene con una llave, abre la puerta y entra con toda facilidad. Los que procuran salvarse por sus obras están empujando las puertas del cielo sin resultado alguno; pero la fe es la llave que abre la puerta inmediatamente.» Querido amigo. ¿No quieres tu valerte de tal llave? El Señor te manda creer en su Hijo amado, ¿por lo mismo debes hacerlo, y haciéndolo así vivirás. ¿No es esta la promesa del evangelio: «El que creyere y fuere bautizado, será salvo»? (Mar. 16:16). ¿Que podrás tú discutir contra un plan de salvación que se recomienda perfecto tanto a la misericordia como a la sabiduría del Dios de gracia?

***

Capítulo 9—¡Hay de Mi!, Nada Puedo Hacer

Después de haber aceptado la doctrina de la reconciliación y comprendido la gran verdad de la salvación mediante la fe en el Señor Jesús, el corazón atribulado se inquieta muy a menudo por un sentimiento de incapacidad respecto a la práctica del bien. Muchos suspiran, diciendo:

¡Hay de mi; nada puedo hacer! Y no lo dicen en sentido de excusa, sino lo sienten como carga pesada diariamente. Harían el bien si pudieran. Cada uno de estos podría decir francamente: «Porque el querer el bien está en mi, pero no el hacerlo» (Rom. 7:18).

Esta experiencia parece hacer todo el evangelio nulo y sin efecto; pues ¿para qué sirve el alimento, si está fuera del alcance del hambriento? ¿Para qué sirve el río de agua viva, si el sediento no puede beber? Nos acordamos aquí de la anécdota del médico y del hijo de la madre pobre. El médico le dijo a la madre que su hijito pronto mejoraría bajo un tratamiento propio del caso, siendo absolutamente necesario que con toda regla tomara del mejor vino de Oporto y que pasara una temporada en los baños termales de Alemania. ¡Receta para el hijo de una madre pobre que apenas tenía pan para llevar a la boca! Así el evangelio no parece al alma ansiosa cosa tan sencilla al decir. «Cree, y vivirás,» porque pide al pobre pecador que haga lo que no puede hacer. Para el verdaderamente despierto, pero poco instruido, parece faltar un eslabón a la cadena. A lo lejos está el remedio, pero ¿cómo obtenerlo? El alma se siente sin fuerzas y no sabe que hacer. Está cerca, a la vista de la ciudad de refugio, pero no puede entrar por la puerta.

¿No se ha tenido en cuenta esta falta de fuerza en el plan de la salvación? ¡Claro que sí! La obra del Señor es perfecta. Esta empieza por donde nos hallamos, y nada nos pide para perfeccionarla. Cuando el buen samaritano vio al viajero herido tendido en el camino medio muerto, no le pidió que se levantara, viniera, montara su asno y se dirigiera a la posada. No, no. Se le acercó, vendó sus heridas y le puso sobre su cabalgadura y le condujo al mesón. Así nos trata Jesús en nuestro estado lamentable.

Hemos visto que es Dios el que justifica, que justifica a los impíos y que los justifica mediante la fe en la preciosa sangre de Jesús. Ahora vamos a ver la condición en la cual se hallan estos impíos al empezar Jesús a salvarles. Muchas personas listas por ver su condición, no solamente se hallan atribuladas con motivo de sus pecados sino con motivo de su flaqueza moral. Carecen de fuerzas para escapar del lodo en que han caído y de cuidarse del mismo en el porvenir. No solo se lamentan por lo que han hecho, sino por lo que no pueden hacer. Se sienten sin fuerzas, sin recursos, sin vida espiritual. Parece extraño decir que se sienten muertos, y no obstante así. En su propia estimación son incapaces de todo bien. No pueden andar por el camino del cielo por tener las piernas rotas. Tanto se sienten sin fuerzas. Felizmente está escrito como recomendación del amor de Dios para con nosotros: «Cristo, cuanto aún éramos débiles, a su tiempo murió por los impíos» (Rom.5:6).

Aquí vemos la incapacidad consciente socorrida: socorrida por la intervención del Señor Jesús. Nuestra nulidad es completa. No está escrito: «Cuando aún éramos comparativamente débiles, Cristo murió por nosotros,» o «cuando solo teníamos un poco de fuerza,» sino la afirmación es absoluta, sin limitación, «Cuando aún éramos débiles.» Nos faltaba toda fuerza para ayudarnos en la obra de la salvación. Las palabras de nuestro Señor eran verdaderas, «Sin mí nada podéis hacer» (Juan 15:5). Podría ir más allá del texto y recordarte del gran amor con que el Señor nos amó, «aun estando nosotros muertos en pecados.» El hallarse muerto es aun peor que hallarse sin fuerzas.

El gran hecho en que el pobre pecador sin fuerzas debe fijar su mente y retener firmemente como único fundamento de esperanza, es la afirmación Divina que «a su tiempo murió por los impíos.» Cree en esto y toda incapacidad desaparecerá. Como dice la fábula del Rey Midas, quien todo transformaba en oro por su tacto, así se puede afirmar de verdad respecto a la fe que todo lo que toca vuelve bueno. Nuestras mismas faltas y flaquezas se vuelven bendiciones, cuando la fe entra en contacto con ellas.

Fijémonos en ciertas formas de esta falta de fuerza. Ahora, dirá alguien: «Me parece que no tengo fuerza para concentrar mis pensamientos en los asuntos solemnes en orden a mi salvación; casi no puedo hacer una breve oración. Acaso esto es así, en parte debido a mi flaqueza física, en parte por haberme dañado por algún vicio, en parte también por mis aflicciones de esta vida, de modo que me he incapacitado para los pensamientos elevados que se requieren para la salvación del alma.»

Tal es una forma de debilidad pecaminosa muy común. ¡Atención ahora! En este punto te hallas equivocado; y hay muchos como tu. Muchos que serían del todo incapaces de una serie de pensamientos consecutivos, por mucho que se esforzaran. Muchas personas pobres de ambos sexos carecen de educación, hallando un trabajo muy difícil y de presunción tener pensamientos profundos. Otras personas son por naturaleza tan superficiales que un argumento de raciocinio largo, les sería tan difícil como querer volar como un ave. No llegarían al conocimiento de ningún misterio profundo, aun cuando gastaran toda su vida en tal empresa. Por tanto, tú, no necesitas desesperarte, lo que se requiere para la salvación no es un proceso de pensamiento continuo, sino una sencilla confianza en Jesús. Únete a este hecho «Cristo, a su tiempo murió por los impíos» Esta verdad no requiere de tu parte examen profundo, raciocinio lógico, ni argumento convincente. Allí está, «Cristo, a su tiempo murió por los impíos.» Fija tu mente en ello y permanece allí.

Mira que este gran hecho glorioso de gracia permanezca en tu espíritu hasta que perfume todos tus pensamientos y te regocije el corazón, aunque te halles sin fuerzas, teniendo al mismo tiempo presente que el Señor Jesús ha venido a ser tu fortaleza y canción, sí, ha venido ha ser tu salvación. Según las Escrituras es un hecho divinamente revelado que a tiempo debido Cristo murió por los impíos siendo ellos aún débiles, sin fuerzas. Tal vez hayas oído estas palabras centenares de veces, pero sin haber comprendido nunca su significado. Son de sabor agradable ¿verdad? Jesús no murió por nuestra justicia sino por nuestros pecados. No vino a salvarnos porque merecíamos ser salvos, sino porque éramos enteramente indignos, arruinados, inútiles. No vino al mundo por alguna buena razón que hubiera en nosotros, sino exclusivamente por las razones que hallaba en las profundidades de su amor divino. A su tiempo murió por los que él mismo afirma no eran piadosos sino impíos. Aun cuando tengas tan solo poca mentalidad, fíjalo en esta verdad tan apropiada a la menor capacidad mental, y que, no obstante, puede alegrar el corazón más apesadumbrado. Debe este texto ocupar tu mente cual grato recuerdo hasta encantar tu corazón y dar colorido a todos tus pensamientos, y entonces nada importara que estos estén tan diseminados como las hojas dispersas por el viento de otoño. Personas que nunca brillaron en las ciencias, ni dieron prueba alguna de originalidad mental, han sido muy capaces de aceptar la doctrina de la cruz y han sido salvas por ella. ¿Por qué no tú?

Oigo a otro lamentarse «Mi falta de fuerza consiste principalmente en no poderme arrepentir bastante.» ¡Singular idea que algunos tienen de lo que es el arrepentimiento! Muchos imaginan que se debe derramar tanta lágrima, exhalarse tanto suspiro, sufrir tanto desespero. ¿De donde nos viene idea tan errónea. La incredulidad y la desesperación son pecados, y por tanto no veo como pueden constituir parte de un arrepentimiento que pide Dios. Sin embargo, hay personas que les consideran parte de la verdadera experiencia cristiana. Pero en esto se equivocan grandemente. No obstante, comprendo lo que quieren decir, porque en los días en que estaba en tinieblas, yo sentía lo mismo. Deseaba arrepentirme pensando que no podía hacerlo, y lo cierto es que todo ese tiempo estaba arrepentido. Extraño como suena. me dolía que no podía sentir. Solí meterme en algún rincón y llorar, porque no podía llorar, y sufría amargamente porque no podía sufrir a causa de mis pecados. ¡Cuánta confusión!, cuando en nuestro estado de incredulidad empezamos a jugar con nuestra condición espiritual! Nos parecemos al ciego mirando a sus propios ojos. Se me derretía el corazón de temor, porque creía que mi corazón era duro como una piedra. Mi corazón estaba quebrantado al pensar que no se quebrantaba. Ahora comprendo que entonces estaba yo dando muestras de poseer precisamente las cosas que me creía no poseer; más no sabía donde me hallaba.

¡Ojalá que pudiera ayudar a otros a encontrar la luz que hoy disfruto! ¡Cuánto quisiera decir una palabra que abreviara el tiempo de trastorno en que te hallas! Desearía decir unas palabras sencillas, pidiendo al Consolador las aplicara a tu corazón.

Acuérdate de que el hombre verdaderamente arrepentido nunca queda satisfecho de su arrepentimiento. Tan poco como podemos vivir perfectamente, podemos arrepentirnos perfectamente. Por puras que sean nuestras lágrimas, siempre queda en ellas alguna suciedad; queda algo de que arrepentirnos de nuestro arrepentimiento mejor. Pero escucha. El arrepentirse significa cambiar de mente acerca del pecado, acerca de Cristo y acerca de todas las grandes cosas de Dios. En esto está incluido el dolor, pero el punto principal es volverse el corazón, del pecado a Cristo. Si existe en ti esta vuelta, posees la esencia del arrepentimiento, aun cuando el desespero y sobresalto no echan sombra alguna sobre tu mente.

Si no puedes arrepentirte como quisieras, hallarás auxilio en el caso, si crees firmemente que «a su tiempo murió por los impíos.» Piensa repetidas veces en esto. ¿Cómo podrás continuar con el corazón endurecido teniendo presente que el Cristo de amor supremo, murió por el impío? Permíteme convencerte a que pienses de ti como «Impío como soy, aunque mi corazón de piedra no se ablande y en vano me pegue en el pecho, no obstante él murió por los que son como yo, ya que murió por los impíos. Quiera Dios que crea en esto y sienta yo su poder en mi corazón endurecido.»

Borra todo otro pensamiento de tu mente y siéntate horas enteras meditando en esta sola manifestación excelsa de amor sin par, inmerecida e inesperada: «Cristo murió por los impíos.» Lee cuidadosamente la narración de la muerte del Señor, como consta en los cuatro evangelios. Si hay algo capaz de ablandar tu duro corazón, será la contemplación de los sufrimientos de Jesús, considerando que todo lo padeció para bien de sus enemigos.

Crucificado en un madero. Ciertamente la cruz, es decir lo que simboliza, es el poder milagroso que hace brotar agua de la piedra. Si entiendes bien el significado del sacrificio divino de Jesús, te arrepentirás forzosamente de haberte opuesto alguna vez a un Salvador tan lleno de amor. Escrito está:

«Mirarán a mi, a quien traspasaron, y llorarán como se llora por hijo unigénito, afligiéndose por él como quien se aflige por el primogénito» (Zac. 12:10). El arrepentimiento no te hará ver a Cristo, Pero el mirar a Cristo hará que te arrepientas. No debes hacerte un Cristo producto de tu arrepentimiento, pero debes mirar a Cristo para que de ello te resulte el arrepentimiento. El Espíritu Santo, volviéndose de cara a Cristo, nos hace volver la espalda al pecado. Por tanto, vuélvete del efecto a la causa, a saber de tu propio arrepentimiento al Señor Jesús quien fue «ensalzado para dar arrepentimiento.»

He oído a otro decir. «Me atormentan pensamientos terribles. Donde quiera que me vaya, me asaltan blasfemias. Me acosan tentaciones malignas en medio del trabajo y aun sobre el lecho me despiertan inspiraciones del maligno. No me puedo librar de esta tentación espantosa.» Amigo, comprendo lo que quieres decir, porque el mismo lobo me ha perseguido a mi. Más fácil sería vencer a un ejército de moscas con un sable que dominar los pensamientos capitaneados por el demonio. El alma tentada, valerosa por las sugestiones satánicas, se parece al viajero, cuya cabeza, orejas y cuerpo entero fue atacado por un enjambre de abejas. No les pudo alejar de si, ni pudo huir de ellas. Le picaron por todas partes, amenazando dejarle muerto. No me maravillo de oír que te hallas sin fuerzas para poner fin a esos pensamientos horribles y abominables, con los cuales el diablo inunda tu alma. No obstante quisiera recordarte del texto a la vista: «Cristo, cuando aún éramos débiles, a su tiempo murió por los impíos» (Rom. 5:6).

Jesús sabía en que estado nos hallábamos y en que estado debíamos estar; veía que no podíamos vencer al príncipe del poder del aire; sabía que nos molería terriblemente, pero precisamente entonces, viéndonos en esa condición, murió por los impíos. Echa el ancla de tu fe sobre este hecho. El mismo demonio no podrá decirte que tu no eres impío; cree, pues, que Cristo murió por ti. Acuérdate de como Martín Lutero, aplastó la cabeza de la serpiente con su propia espada. ¡Ah! Le dijo Satanás, «tú eres pecador.» «Cierto,» respondió Lutero, «Cristo murió para salvar a los pecadores.» Así le venció con su propia espada. Escóndete en este refugio y quédate en él; «Cristo, a su tiempo, murió por los impíos.» Si te refugias en esta verdad, los pensamientos blasfemos que tu no puedes ahuyentar a causa de tu flaqueza, se apartarán de ti por si mismos; porque Satanás verá que no logra la suya atormentándote con ellas.

Si tu odias tales pensamientos, no son tuyos sino inspiraciones del diablo por los cuales él es responsable y no tu. Si tu luchas contra ellos, son tan poco tuyos como las blasfemias y mentiras de los alborotadores en la calle. Por medio de esos pensamientos el demonio intenta llevarte a la desesperación, o cuando menos quiere impedir que confíes en Jesús. La pobre mujer enferma no pudo acercarse a Jesús por causa de la multitud, y tú estas en condición semejante a causa de la multitud de malos pensamientos que te oprimen. Sin embargo, ella extendió el dedo y tocó el vestido del Señor, y quedó sana. Haz tú lo mismo.

Jesús murió por los culpables «de toda clase de pecado y blasfemia;» y por lo mismo estoy seguro de que no rechazará a los que sin quererlo son acusados por los malos pensamientos. Arrójate confiado sobre él, pensamientos y todo, y verás como es poderoso para salvarte. Él pondrá fin a esas inspiraciones del maligno y te hará verlas en su verdadera luz, para que no te atormenten más. Te quiere y puede salvar a su manera, de modo que por fin disfrutes de perfecta paz. Solamente confía en él tanto respecto a esto como en orden a todo lo demás.

Desconcierto doloroso es la forma de incapacidad que consiste en la supuesta falta de poder para creer. No nos es extraña la queja que dice:

Con tal que creer pudiera, Muy grato mi todo sería: No puedo, si bien quisiera; Es tal la miseria mía.

Muchos quedan a oscuras por años y por falta, como dicen, de poder hacer lo que en realidad no es hacer, sino el abandono de todo poder para entregarse al poder de otro, al Señor Jesús mismo. Es verdad que todo este asunto de creer es cosa muy singular, porque las personas que se esfuerzan en sentido de procurar creer, no hallan auxilio en la empresa. La fe no viene por tratar o procurar creer. Si alguien me relatara algo que ocurrió esta mañana, no le diría yo que procuraría creerlo. Si no le creyera persona confiable, no creería naturalmente; pero ningún caso habría lugar para tal cosa como procurar creer. Ahora bien, declarando Dios mismo que en Cristo Jesús hay salvación, forzosamente debo creerlo en seguida, o tratarle de mentiroso. Por cierto que no dudarás respecto a lo que sea el recto proceder en este caso. El testimonio de Dios debe ser verdadero, y siendo así nos hallamos bajo la obligación de creer sin demora.

Pero tal vez has procurado creer demasiado. No aspires a cosas exorbitantes. Conténtate con una fe que abarca esta sola verdad «Cristo, cuando aun éramos débiles, a su tiempo murió por los impíos.» El dio su vida por los hombres cuando aún no creían en él, ni eran capaces de creer en él. Murió por los hombres no como creyentes sino como pecadores. El vino para hacer a estos pecadores creyentes y santos; pero al morir por ellos les miraba como del todo sin fuerzas. Si te afirmas en la verdad de que Cristo murió por los impíos y lo crees, tú fe te salvará y podrás ir en paz. Si quieres confiar tu alma al Señor Jesús que murió por los impíos, eres salvo, aun cuando todavía no puedas creer en todas las cosas, ni mover las montañas, ni hacer otras cosas maravillosas. No es la gran fe que salva sino la verdadera fe; y la salvación no está en la fe, sino en el Cristo, en quien la fe confía. Una fe tan pequeña como un grano de mostaza basta para traernos la salvación. No es la medida de fe la que se toma en cuanta, sino la sinceridad de la fe. Ciertamente el hombre puede creer lo que sabe que es la verdad; y como sabes que Jesús es verdadero, tú amigo, puedes creer en él.

La cruz que es el objeto de la fe es también, por el poder del Espíritu Santo, la fuente de la misma. Siéntate y contempla en espíritu al Salvador moribundo hasta que brote la fe espontáneamente del corazón. No hay lugar mejor que el Calvario para producir la confianza. Quienes ponen su mirada en el significado de ese monte, les ha proporcionado vigor a su fe. Muchos que allí han contemplado al redentor, han dicho:

Mirándote herido, moribundo. En vil madero como delincuente, La fe en ti, Señor, en lo profundo Del corazón nacer se siente.

«¡Ay de mí!» dice otro. «Mi falta de fuerza consiste en que no puedo abandonar el pecado y se bien que no puedo ir al cielo cargado de pecado.» Me alegro de que sabes esto, porque es la pura verdad. Es preciso divorciarse del pecado para casarse con Cristo. Recuerda la pregunta que penetró en la mente de Juan Bunyan ocupado en sus juegos en el día domingo: ¿Quieres guardar tus pecados e ir al infierno o abandonar tus pecados e ir al cielo? Esto le dejó confundido. Esta es una pregunta que todo hombre tendrá que contestar, porque continuar en el pecado e ir al cielo es imposible. Te es preciso abandonar el pecado o abandonar la esperanza.

Si contestas: «Si, la voluntad no me falta. Tengo el querer, más hacer lo que deseo, no lo alcanzo. El pecado me domina y no tengo fuerzas,» Ven, pues, si no tienes fuerzas, aún hay remedio en este texto. «Cristo, cuando aún éramos débiles, murió por los impíos.» ¿Puedes creer esto todavía? Por mucho que otras cosas, al parecer, lo contradigan, ¿quieres creerlo? Dios lo ha dicho; es un hecho, y por tanto, acógete al mismo por amor de tu alma, porque allí está tu única esperanza. Creélo y confía en Jesús, y pronto hallarás poder para aniquilar tu pecado; pero aparte de Cristo, el «hombre fuerte armado» te tratará para siempre como esclavo.» Personalmente nunca podría haber vencido sobre mi naturaleza pecaminosa. Procuraba, pero fracasé. Mis malas inclinaciones me eran demasiado numerosas, hasta que, creyendo que Cristo murió por mi, abandone mi alma culpable en sus brazos, y entonces recibí poder para vencer a mi propio yo pecaminoso. La doctrina de la cruz puede ser usada para combatir al pecado como los guerreros antiguos usaban las espadas formidables de dos mangos, diezmando al enemigo a cada golpe. Nada hay como la fe en el amigo de los pecadores, esta vence todo mal. Si Cristo ha muerto por mi, impío como soy, sin fuerza como me encuentro, subsecuentemente no puedo vivir más en el pecado, sino que debo crecer en amor y servicio del que me ha redimido. No puedo jugar con el mal que ha matado a mi mejor

Amigo. Debo ser santo por amor a él mismo. ¿Cómo puedo yo vivir en el pecado siendo así que él ha muerto para salvarme del pecado?

Mira cuán glorioso remedio esto es para ti que carece de fuerzas, el saber y creer que a su tiempo Cristo murió por los impíos como tú. ¿Lo has comprendido ahora? Es tan difícil para muchas mentes oscurecidas, pervertidas e incrédulas ver la esencia del evangelio. A veces he pensado al acabar la predicación que tan claramente he declarado el evangelio que los más torpes lo debieran haber comprendido; sin embargo,, he notado que aún los oyentes no han comprendido lo que es: «Mirad a mí y sed salvos» (Isa. 45:22). Los convertidos dicen generalmente que hasta tal o cual día no han comprendido el evangelio. Y esto a pesar de haberlo oído, no por falta de explicación, sino por falta de revelación personal. El Espíritu Santo está dispuesto a concederla a los que se lo pidan. Pero, aún después de concedida, la suma total de lo revelado está contenida en las palabras: «Cristo murió por los impíos.»

Oigo a otro quejarse como sigue: «¡Ay, ay! Mi flaqueza consiste en no poder permanecer firme. El domingo oigo la palabra y me impresiona; pero durante la semana doy con un mal compañero y desaparecen mis buenas intenciones. Mis compañeros de trabajo no creen en nada y dicen tantas barbaridades. Yo no se como contestarles, y así quedo derrotado. Te comprendo; pero al mismo tiempo, si eres sincero, te diré que hay remedio para tu flaqueza en la gracia Divina. El Espíritu Santo, tiene poder para echar fuera al espíritu de temor. Él puede hacer valiente al cobarde.

Acuérdate, amigo, que no debes quedar en ese estado. No conviene de ningún modo que seas falso para contigo mismo. Aquí no se trata simplemente de un asunto espiritual, sino de resolución común. Muchas cosas haría para agradar a mis amigos, pero ir al infierno para darles gusto, eso si que no lo haría. Bueno es hacer algunas cosas para guardar la amistad, pero muy mal se paga mantener la amistad con el mundo, a costa de la amistad con Dios. «Eso lo se,» dices, pero a pesar de saberlo me falta ánimo. Desplegar la bandera, a eso no me atrevo. Me falta fuerza para vivir firme. Ahora bien, te traigo el mismo texto: «Cristo, aún cuando éramos débiles, a su tiempo murió por los impíos.»

Si el apóstol Pedro estuviera aquí, nos diría, «El Señor Jesús murió por mí, aún cuando era yo tan débil que por las palabras de una criada empiece a mentir y jurar que no conocía al Señor.» Sí; Jesús murió por aquellos débiles que le abandonaron huyendo. Afírmate en esta verdad, «Cristo, cuando aún éramos débiles, murió por los impíos.» Graba esto bien en tu alma «Cristo murió por mí,» y pronto tú estarás listo a morir por Él. Creé que el sufrió en tu lugar, ofreciendo por ti un sacrificio expiatorio, pleno, verdadero y satisfactorio. Si crees este hecho, tendrás forzosamente que sentir. No me puedo avergonzar del que murió por mí, La convicción plena de esta verdad, te infundirá valor irresistible.

Acuérdate de los santos de la época de los mártires. En los tiempos primitivos del cristianismo, cuando este pensamiento del gran amor de Cristo, brillaba con fulgor infinito en la iglesia, no solo estaban listos a morir los cristianos, sino deseaban sufrir presentándose espontáneamente a centenares ante los tribunales de los gobernantes perseguidores confesando a Cristo. No digo que sea prudencia invitar así la muerte cruel, pero el caso prueba que un sentimiento del amor de Cristo eleva al hombre sobre todo temor del daño que el hombre sea capaz de hacer al creyente. ¿Por qué no hará tal sentimiento lo mismo en ti? ¡Ojalá que te inspire ahora la determinación valiente de colocarte al lado del Señor y ser su fiel seguidor hasta el fin!

¡Que el Espíritu Santo nos ayude a llegar a este punto por la fe en el Señor Jesús, y todo será para bien nuestro y para su gloria!

***

Capítulo 10—Aumento de Fe

¿Cómo conseguir que se nos aumente la fe? Esta es una pregunta seria para muchos. Dicen que desean creer, pero que no pueden. Se proponen muchos absurdos en este asunto. Seamos prácticos en el caso.

Se necesita tanto sentido común aquí' como en otros asuntos de la vida. ¿Qué debo hacer para creer?. Alguien preguntó a una persona cual era la mejor manera de hacer cierta cosa, y se le contestó que la mejor manera de hacerla, era hacerla, sin demora. Discutir modos y métodos, cuando se trata de un acto sencillo, es malgastar el tiempo. Tratándose de creer, el modo más breve es creer en seguida.

Si el Espíritu Santo te ha hecho dócil y sincero, creerás tan pronto como la verdad se te presente. Y la creerás, porque es la verdad. El mandamiento evangélico dice: «Cree en el Señor Jesucristo y serás salvo» (Hech. 16:31) Es inútil evadirse de esto preguntando y reflexionando. El mandato es claro, y debes obedecerlo.

Pero si en realidad te molesta alguna duda, llévala en oración a Dios. Di al gran Padre Dios precisamente lo que te perturba y pídele que por el Espíritu Santo se te resuelva el problema. Si no puedo creer las afirmaciones de un libro me es grato preguntar al autor como él entiende lo dicho, y si es hombre digno de crédito, me dejará satisfecha su explicación divina de los puntos difíciles de las Escrituras al corazón del verdadero buscador de la verdad. El Señor desea hacerse conocer a los que le buscan. Acude a él para conocer la verdad. Acude sin demora a la oración y ruega, «Oh Espíritu Santo, guíame a toda la verdad. Lo que no comprenda, enséñamelo tú.»

Por otra parte, si la fe parece difícil, es fácil que Dios el Espíritu Santo te haga capaz de creer, si oyes con mucha frecuencia lo que se te manda creer. Creemos muchas cosas, porque las hemos oído tantas veces; ¿No has notado en la vida diaria que si oyes una cosa cincuenta veces al día, por fin acabas de creerla? Por este proceso muchos han llegado a creer cosas fantásticas, y por tanto no me extraño, si el buen Espíritu bendice este método de oír la verdad con frecuencia, usándola para producir la fe respecto a lo que se debe creer. Esta escrito «La fe viene por el oír,» por tanto oye con frecuencia. Si con sinceridad y atentamente continuo oyendo el evangelio, uno de estos días me encontraré creyendo el evangelio, uno de estos días me hallaré creyendo lo que oigo, mediante la bendita operación del Espíritu de Dios en mi mente. Solamente ten cuidado de oír el evangelio y no lo que esté calculado a despertar dudas en tu mente, ya sea por discursos o lecturas.

Pero si esto te parece un consejo pobre, añadirá a continuación; toma en cuenta el testimonio de otros. Los samaritanos creyeron a causa del testimonio de lo que la mujer les había dicho acerca de Jesús. Muchas de nuestras creencias nacen del testimonio de otros. Yo creo que existe un país llamado Japón. Nunca lo he visto, y, sin embargo, creo que hay tal país, porque otros lo han visto. Creo que moriré, nunca he muerto, pero machismos de mis conocidos han muerto, y por lo tanto, estoy convencido de que yo moriré también. El testimonio de muchos me ha convencido del hecho. Escucha, por tanto, a los que te comentan cómo fueron salvos, cómo recibieron el perdón, cómo se transformó su carácter. Si prestas atención, notarás que alguien precisamente como tú ha sido salvo. Si has sido ladrón, hallarás que otro ladrón lavó sus culpas en la preciosa sangre de Cristo. Si por desgracia has sido desvergonzado, hallarás que personas caídas como tú han sido levantadas, limpiadas y transformadas. Si te hallas en condición desesperada y te mueves un poco en el círculo del pueblo de Dios, pronto descubrirás que algunos de los santos, se han visto tan desesperados como tú, y hallaron verdadero placer en contarte como el Señor les libró. Conforme vas escuchando uno tras otro de los que han puesto a prueba la Palabra de Dios, hallándola verdadera, el Espíritu Divino te conducirá a la fe.

¿No has oído hablar del africano, al cual dijo el misionero que en su país el agua se volvía a veces tan dura que el hombre podía andar encima de la misma? Muchas cosas podía creer el africano pero esa, nunca. Cuando el negro vino una vez a Inglaterra, pudo ver un río helado, pero no se atrevía a meter el pie en el hielo. Sabía que el río era profundo, y temía ahogarse, si procuraba andar sobre el hielo. No se le pudo convencer que lo intentara, hasta que viera a su amigo y a otros muchos atravesar el río andando sobre el hielo. Entonces quedó convencido y anduvo confiado, donde otros le habían adelantado. As' puede ser que tú, viendo a otros creer en el Cordero de Dios y notando como disfrutan de paz y gozo, seas conducido agradablemente a creer. La experiencia de otros es el camino de Dios por donde nos conduce a la fe. Pero sea como fuere, una de dos, has de creer en Cristo o morir; no hay esperanza fuera de Cristo.

Pero un plan mejor es este: Fíjate en la autoridad sobre la cual se te manda creer, y esto te ayudará grandemente. La autoridad no es mía; esta bien la puedes rechazar. Ni es la de algún dirigente espiritual, que bien podrías sospechar. Es sobre la autoridad de Dios mismo que te manda creer. El mismo te manda creer en Jesucristo, y no debes ser desobediente a tu Creador. El capataz de ciertas obras había oído el evangelio muchas veces, pero se inquietaba dudando que acaso nunca acudirá a Cristo. Un día su buen patrón le envió una tarjeta diciendo: «Venga usted a mi casa tan pronto termine hoy su trabajo.» Apareció el capataz a la puerta del patrón; salió este y le dijo en tono brusco: «Qué quiere usted, Juan, porque me viene a molestar a estas horas? El trabajo del día se ha terminado, ¿con qué derecho se presenta usted aquí? «Señor,» contestó el capataz, recibió una tarjeta de usted diciéndome que terminando mi trabajo viniera aquí.» ¿Quiere usted decir que por la sola razón de recibir una tarjeta mía invitándole a mi casa, debía usted venir y hacerme salir después de terminadas las horas de trabajo del día? «Bien, Señor,» respondió el capataz. No le comprendo, pero me parece que ya que usted, envió por mi, tenía yo derecho de venir. Pues entre Juan, dijo el patrón, aquí tengo otro mensaje de invitación para usted. Y sentándose le leyó estas palabras: «Venid a m' todos los que estáis trabajados y cargados, que yo os haré descansar» (Mat.11:28). ¿Piensas qué, después de recibir este mensaje de Cristo mismo, que harás mal en acudir a él? Ahora comprendió el pobre capataz todo inmediatamente, y creyó en el Señor Jesús para vida eterna, ahora sabía que tenía buena autoridad y garantía para creer. As' tu pobre alma, tiene la mejor autoridad para creer y por fe acudir a Cristo, porque el Señor mismo te manda confiar en él.

Si esto no produce fe en ti, piensa en lo que debes creer, al saber que el Señor Jesucristo sufrió en lugar de los pecadores y es poderoso para salvar a todos los que creen en él. Por cierto, este es el hecho bendito que la humanidad ha oído y debiera creer. El hecho más a propósito, más consolador, y divino que jamás a llegado a oído del hombre. Te aconsejo que pienses mucho en él, que escudriñes la gracia y el amor que contiene. Estudia los cuatro evangelios y las epístolas de Pablo y comprobarás que es digno de aceptación, y quedarás convencido a creerlo.

Si esto no basta, medita en la persona de Cristo, piensa en quién es, qué hizo, dónde esta, y que es. ¿Cómo puedes dudar de él. Es cruel desconfiar del siempre verdadero Jesús. Nada ha hecho que merezca desconfianza; al contrario, debiera ser fácil confiar en él. ¿Por qué crucificarle de nuevo con nuestra incredulidad? ¿No es eso coronarle de espinas y escupir en su rostro de nuevo? ¿Qué? ¿No es digno de confianza? ¿Qué insulto mayor que este podían arrojarle los soldados? Le hicieron mártir, pero tú le haces mentiroso, lo que es peor. No preguntes: ¿Cómo podré creer? Pero responde a otra pregunta: ¿Cómo podré descreer?.

Si ninguna de estas cosas te sirven, hay algo en ti fundamentalmente malo, y mi última palabra será Sométete a Dios. Prejuicio u orgullo esta en el fondo de tu incredulidad. El Espíritu de Dios te libre de tu enemistad, haciéndote sumiso. Pues eres rebelde, orgulloso, necio, y esta es la razón por qué no crees en tu Dios. Cesa tu rebeldía, entrega las armas, entrégate humillado, sométete a tu rey. Creo que nunca un alma levantó los brazos desesperada, exclamando «Señor,

me entrego,» sin que la fe le viniera a ser cosa sencilla. La causa de tu incredulidad es que estas en pleito con Dios, resuelto a seguir tu propia voluntad y tu propio camino. ¿Cómo podéis vosotros creer que tomáis la gloria los unos de los otros? dijo Cristo. El yo orgulloso es el padre de la incredulidad. Sométete, entrégate a Dios, y as' te será fácil creer en el Salvador. Que el Espíritu Santo intervenga secreta pero eficazmente en tu corazón, llevándote a la fe en el Señor Jesús en este mismo momento.

***

Capítulo 11—La Regeneración y el Espíritu Santo

«Os es necesario nacer otra vez» (Juan 3:7). Esta palabra de nuestro Señor parece haber sido en el camino de muchos la espada encendida, como la que se movía de un lado a otro a la puerta del Paraíso. Han caído en la desesperación, porque este cambio está más allá de todos sus esfuerzos. El nuevo nacimiento es de arriba y, por lo tanto, no es cosa que esté en el poder humano efectuarlo. Lejos esté de mí negar o encubrir aquí una verdad que podría inspirar un consuelo falso. Admito claramente que el nuevo nacimiento es sobrenatural y que no es obra que el pecador pueda llevar a cabo por sí mismo. Sería para el lector de poca utilidad, si fuera yo bastante malo para animarle, tratando de convencerle de rechazar u olvidar lo que es una verdad indiscutible.

Pero ¿no es digno de notarse que este mismo capítulo, en que el Señor declara que el nuevo nacimiento es de arriba y obra divina, contiene también la afirmación más poderosa que la salvación es por fe? Lee el capítulo entero, Juan 3, y detente en los primeros versículos. Es verdad que el versículo 3 dice: «Respondió Jesús, y le dijo: De cierto, de cierto, te digo que el que no naciere otra vez, no puede ver el reino de Dios.»

Pero luego los versículos 14 y 15 hablan como sigue: «Y como Moisés levantó la serpiente en el desierto, así es necesario que el Hijo del Hombre sea levantado, para que todo aquel que cree en él tenga vida eterna.» El versículo 18 repite la misma doctrina en los términos más amplios, diciendo: «El que cree en él no es condenado; pero el que no cree ya ha sido condenado, porque no ha creído en el nombre del unigénito Hijo de Dios.»

Es evidente a toda luz que estas dos afirmaciones deben estar en perfecto acuerdo, ya que salieron de los mismos labios y constan en una misma página inspirada. ¿Por qué nos creamos nosotros una dificultad donde no es posible que la haya? Si una afirmación nos asegura que para la salvación se requiere una cosa que solo Dios puede proporcionarnos, y si otra afirmación nos asegura que el Señor nos salvará mediante nuestra fe en Jesús, podemos sacar en consecuencia sin equivocación alguna que el Señor concederá a todos cuantos creen todo cuanto declara necesario para la salvación. De hecho, el Señor produce el nacimiento nuevo en todos cuantos creen en Jesús; y su fe es la manifestación más palpable de que hayan nacido de arriba.

Confiamos en Jesús, que hará lo que no somos capaces de hacer nosotros; si estuviera el asunto en nuestro poder, ¿por qué acudir a él? A nosotros nos toca creer, la parte del Señor es crear la vida nueva en nosotros. Él no quiere creer por nosotros, ni debemos nosotros hacer las obras de la regeneración por él. Basta para nosotros obedecer el mandamiento creyendo; al Señor corresponde realizar el nacimiento nuevo en nosotros. El que pudo bajar hasta el extremo de morir en la cruz por nosotros, puede y quiere concedernos todas las cosas necesarias para nuestra seguridad eterna.

«Pero un cambio de corazón que salva es obra del Espíritu Santo.» Esta es una gran verdad y lejos de nosotros esté el dudarlo u olvidarlo. Pero la obra del Espíritu Santo, es una obra secreta y misteriosa, y sólo se puede conocer por los resultados. Hay misterios en nuestro nacimiento natural que sería curiosidad profana intentar penetrar; con mayor razón es tratándose de las operaciones sagradas del Espíritu de Dios. «El viento de donde quiera sopla, y oyes su sonido; más ni sabes de dónde viene, ni a dónde vaya; así es todo aquel que es nacido del Espíritu.» (Juan 3:8). Tanto sabemos, sin embargo, que la obra misteriosa del Espíritu Santo no puede constituir razón alguna para que rehusemos creer en Jesús, de quien este mismo Espíritu da testimonio.

Si se diera a una persona el encargo de sembrar un campo, no podría excusarse de su negligencia diciendo que no valdría la pena sembrar, a menos que Dios hiciera brotar la semilla. No quedaría justificada su negligencia de no labrar la tierra por la razón de que la energía secreta de Dios tan solo puede producir una cosecha. Nadie queda impedido o parado en las tareas ordinarias de la vida por la razón de que «si el Señor no edificaré la casa, en vano trabajan los que la edifican» (Salmo 127:1). Es cierto que quien cree en Jesús, jamás hallará que el Espíritu Santo se niegue a actuar en él; el hecho es que su fe es prueba de que el Espíritu ya está actuando en su corazón.

Dios actúa providencialmente, pero no queda inactiva por eso la humanidad. No se podrían mover los hombres sin el poder divino, concediéndoles vida y fuerza, y no obstante proceden en sus tareas sin pensar, recibiendo fuerza de día en día de parte de Aquel en cuyas manos está su aliento y todos sus caminos. Así sucede en la condición espiritual. Nos arrepentimos y creemos, aunque no podríamos hacer lo uno ni lo otro, si el Señor no nos capacitara para ello. Volvemos la espalda al pecado confiando en Jesús, y luego percibimos que el Señor ha actuado en nosotros tanto el querer como el hacer, según su beneplácito. Inútilmente pretendemos que en este asunto haya dificultad.

Algunas verdades que es difícil explicar por palabra, son muy sencillas en la experiencia. No hay contradicción entre la verdad que el pecador cree y que su fe es obra del Espíritu Santo. Sólo la insensatez puede llevar al hombre a atascarse en misterios respecto a cosas sencillas, cuando se hallan en peligro sus almas. Nadie rehusaría entrar en un bote salvavidas por no conocer el peso, preciso de los cuerpos; ni el hambriento rehusaría comer por no conocer todo el proceso de la nutrición. Si tú, no quieres creer hasta que comprendas todos los misterios, nunca te salvarás; y si permites dificultades de invención propia te impidan aceptar el perdón mediante la fe en tu Señor y Salvador, perecerás por una condenación bien merecida. No cometas suicidio espiritual entregándote apasionadamente a la discusión de sutilezas metafísicas.

***

Capítulo 12—Mi Redentor Vive

He hablado continuamente acerca del Cristo crucificado, quien es la gran esperanza del culpable; pero es sabio que nos acordemos de que nuestro Señor resucitó de entre los muertos y vive eternamente.

No se te pide que creas en un Cristo muerto, sino en un Redentor que murió por nuestros pecados y resucitó para nuestra justificación. Así es que puedes acudir a Jesús en seguida como a un amigo vivo y presente. No se trata de un simple recuerdo, sino de una persona continuamente existente quién desea oír tus oraciones y contestarlas. Él vive a propósito para continuar la obra, por la cual sacrificó su vida. Está intercediendo por los pecadores a la diestra del Padre, y por lo mismo es poderoso «para salvar eternamente a los que por él se acercan a Dios» (Heb. 9:25). Acude a él y entrégate a este Salvador vivo, si antes no lo has hecho.

Este Jesús vivo está ensalzado hasta la eminencia de gloria y poder. Hoy no sufre como «el humillado ante sus enemigos,» no sufre trabajos como «el hijo del carpintero,» sino que está elevado muy por encima de los principados y las potencias y todo nombre. El Padre le ha dado todo poder en el cielo y en la tierra y está ejecutando este encargo glorioso, llevando a cabo su obra de gracia. Escucha bien lo que Pedro y los otros apóstoles testifican acerca de él ante el sumo sacerdote y todo el concilio:

El Dios de nuestros padres levantó a Jesús, a quien vosotros matasteis colgándole en un madero. A éste, Dios ha exaltado con su diestra por Príncipe y Salvador, para dar a Israel arrepentimiento y perdón de pecados (Hech. 5:30,31).

La gloria que rodea al Señor ascendido debiera inspirar esperanza en todo corazón creyente. Jesús no es persona de categoría oscura; es un Salvador grande y glorioso. Es el Redentor ensalzado por Príncipe coronado como tal. La gracia soberana sobre la vida y la muerte se le ha confiado; el Padre ha puesto a todos los hombres bajo el gobierno mediador de su Hijo, así que puede dar vida a quien quiera. El abre y nadie cierra. El alma sujeta por las cuerdas del pecado y de la condenación puede quedar libre inmediatamente por el poder de su palabra. Extiende su cetro real, y cualquiera que lo toque, vivirá.

Providencia para nosotros que como vive el pecado, y vive la carne y vive el diablo, vive también Jesús; y por esta misma también cualquiera que fuese el poder de esos para arruinarnos, infinitamente mayor es el poder de Jesús para salvarnos.

Toda su glorificación y habilidad están actuando a nuestro favor. Se le ha «ensalzado para ser» y ensalzado «para dar». Ha sido ensalzado para ser Príncipe y Salvador y para dar todo lo necesario para llevar a cabo la salvación de todos cuantos entren bajo su gobierno. Nada tiene Jesús que no esté dispuesto a usar para la salvación de los pecadores y nada es que no esté dispuesto a desplegar en la dispensación abundante de su gracia. Cooperan a una su función de Príncipe y su función de Salvador, como si no quisiera ejercer la una sin la otra; y manifiesta su glorificación como teniendo por objeto producir bendiciones para la humanidad como si esto fuera la flor y corona de su gloria. ¿Puede haber algo mejor combinado para infundir esperanza en los pecadores arrepentidos que empiezan a dirigir su mirada hacia Cristo Jesús?

Muy grande fue la humillación que sufrió Jesús, y por lo mismo hubo lugar para su ensalzamiento. Por esa humillación cumplió toda la voluntad del Padre, y por tanto recibió la recompensa de ser elevado a la gloria. Esta glorificación la usa para bien de su pueblo. Levante el lector su mirada hacia esas elevaciones de gloria, de donde debe esperar ayuda. Contempla las glorias celestes de tu Príncipe y Salvador. ¿No es esta la mayor esperanza para los hombres que «el Hijo del hombre» ocupa el trono del universo? ¿No es glorioso de verdad, que el Señor de todo es el Salvador de los pecadores? Tenemos un amigo en el tribunal, sí, un amigo sobre el trono. Pondrá este toda su influencia a favor de los que entreguen sus asuntos en sus manos. Bien dice uno de nuestros himnos:

Para siempre vive ensalzado

Ante el trono Príncipe y Salvador,

Cristo, quien es hoy mi abogado,

¿Cómo puede para mí haber temor?

Ven, amigo, y entrega tu causa en esas manos, una vez con llagas, pero hoy adornadas con las insignias del poder real y soberano. Jamás se perdió causa alguna confiada a tan poderoso Abogado.

***

Capítulo 13—Sin Arrepentimiento, sin Perdón

Resulta claro en el libro de los Hechos 5:30,31, que el arrepentimiento acompaña al perdón. Leemos en el versículo 31, que Jesús fue ensalzado para dar «arrepentimiento y perdón de pecados.» Estas dos bendiciones se desprenden de las manos sagradas una vez clavadas al madero, de las manos de Aquel que ahora está en la gloria. Arrepentimiento y perdón están entrelazados por el propósito eterno de Dios. Lo que Dios ha juntado, no lo separe el hombre.

El arrepentimiento debe ser compañero del perdón, y verás que así es, pensando un poco sobre el caso. No es posible que se conceda el perdón a un pecador no arrepentido. Tal cosa le aprobaría sus malos caminos y le haría pensar poco en la culpa del pecado. Si el Señor dijera: «Tu amas el pecado, vives en él y vas de mal en peor, pero no importa, yo te perdono,» esto equivaldría a la proclamación de una infame libertad de pecar. Equivaldría a poner en duda los fundamentos de todo orden social, resultando de ello el desorden moral. No podría yo explicar los escándalos innumerables que resultarían ineludiblemente, si se pudieran separar el arrepentimiento y el perdón quitándose el pecado mientras que el pecador lo amara como siempre.

Es del todo natural que si creemos en La Santidad de Dios, es positivo que si continuamos en el pecado no queriendo arrepentirnos del mismo, no podemos esperar que Dios nos perdone, pero si, recogeremos las consecuencias de nuestra terquedad. Según la bondad infinita de Dios se nos promete que, si abandonamos nuestro pecado confesándolo, aceptando por fe la gracia que esta en Cristo Jesús, Dios «es fiel y justo para que nos perdone nuestros pecados, y limpiarnos de toda maldad» (1Juan 1:9). Pero mientras tanto que Dios viva, no puede haber promesa de misericordia para los que continúan en sus malos caminos negándose a reconocer sus transgresiones. Ciertamente no hay rebelde que pueda esperar que su Rey le perdone mientras que prosiga en rebeldía manifiesta. Nadie puede ser tan loco que se imagine que el Juez de toda la tierra borre nuestros pecados, si rehusamos arrepentirnos y confesarlos nosotros mismos.

Además, esto es así a causa de la Perfección de la Misericordia Divina. Una misericordia que perdona el pecado, dejando al pecador viviendo en el pecado, sería insuficiente y superficial, en verdad. Sería una misericordia deforme. ¿Cuál de los dos privilegios piensas que es el mayor: borrar la culpa del pecado o librar del poder del pecado? No trataré de pesar en una balanza dos misericordias sin igual. Ninguna de ellas nos alcanzaría sino mediante la sangre preciosa de Cristo. Pero me parece que la salvación del poder del pecado, al ser santificado, al ser hecho semejante a Dios, debe considerarse la mayor de las dos, si alguna comparación tuviéramos que hacer. Favor incalculable es el perdón.

En el Salmo 103:3; hacemos esta, la nota primera: «Él es quien perdona todas tus iniquidades.» Pero si pudiéramos alcanzar el perdón, y luego tener permiso de amar el pecado, practicar la iniquidad y revolcarnos en el fango de los vicios, ¿para que nos serviría tal perdón? ¿No resultaría un dulce venenoso que del modo más eficaz nos arruinaría? El ser lavado y, sin embargo, quedar en el fango; el ser declarado limpio y, no obstante, llevar la lepra blanca en la frente, sería la burla más pesada que se hiciera de la misericordia, ¿Para que serviría sacar el cadáver del sepulcro, sin poder devolverle la vida? ¿Para que llevarlo a la luz, sino puede ya mirarla?

Nosotros damos gracias a Dios, porque Aquel que perdona nuestras iniquidades, también sana nuestras dolencias. El que nos limpia de las manchas del pecado, nos salva de los caminos sucios del presente y nos guarda de caer en el porvenir. Es preciso que recibamos agradecidos tanto la palabra del arrepentimiento como la de la remisión del pecado. Son dos cosas inseparables. La heredad del pacto es una e indivisible y no se divide en partes. Dividir la obra de la gracia, sería partir una criatura por la mitad, y quien tal permitiera, demostraría que no tiene interés alguno en el asunto.

Pregunto a los que buscan al Señor, ¿Estarías contento con que Dios te perdonara tus pecados, dejándote luego vivir como un malvado y mundano como antes? Ciertamente que no; el espíritu vivificado tiene más miedo del pecado mismo que de los castigos que resultan del mismo. El grito de tu corazón no es: ¿Quién me librará del castigo? Sino «¡Miserable hombre de mí! ¿Quién me librará del cuerpo de esta muerte?» (Rom. 7:24). ¿Quién me hará capaz de vencer la tentación y ser santo como Dios es santo? Ya que la unidad del arrepentimiento y el perdón concuerdan con el deseo realizado por la gracia, y ya que es necesaria esa unidad para la perfección de la salvación, como a causa de la santidad, descansa seguro de que permanecerá esa unidad.

El arrepentimiento y la remisión del pecado son inseparables en la experiencia de todos los creyentes. Jamás hubo persona que de verdad se arrepintiera de sus pecados, confesándolos a Dios en el nombre de Jesús, que Dios no perdonara; por otra parte, jamás hubo persona que Dios perdonara sin arrepentimiento del pecado. No vacilo en afirmar que bajo las bóvedas del cielo jamás hubo, ni hay, ni habrá caso de pecado limpiado, a no ser que al mismo tiempo hubiera arrepentimiento y fe en Cristo Jesús. El odio al pecado y el sentimiento de perdón entran juntos en el alma y permanecen juntos mientras vivamos.

Estas dos cosas actúan mutuamente. El hombre arrepentido es perdonado, y el perdonado se arrepiente más profundamente después de perdonado. Así es que podemos decir que el arrepentimiento conduce al perdón y el perdón al arrepentimiento.

«La ley y los terrores,» dice el poeta, sólo endurecen al hombre, mientras actúan a solas; pero un sentimiento de perdón, adquirido mediante la sangre ablanda el corazón de piedra.»

Convencidos del perdón, aborrecemos la iniquidad. Y supongo que cuando la fe se haya aumentado hasta la seguridad plena, de modo que estemos muy seguros sin sombra de duda que la sangre de Jesús nos ha emblanquecido más que la nieve, entonces el arrepentimiento ha llegado a la perfección.

La capacidad de arrepentirse crece a la medida de que la fe crece. No haya equivocación en este caso, el arrepentimiento no es cosa de días o semanas, como la penitencia impuesta, que se desea terminar cuanto antes. No, se trata de una gracia para la vida entera como la fe misma. Los hijos de Dios se arrepienten, así los jóvenes y los ancianos.

El arrepentimiento y la fe son compañeros inseparables. Mientras tanto que andamos por fe estamos en condición de arrepentirnos. No es verdadero el arrepentimiento que no venga de la fe en Jesús, y nos es verdadera la fe en Jesús que no capacita para el arrepentimiento. La fe y el arrepentimiento, como los gemelos siameses, viven unidos. A medida que creemos en el amor perdonador de Jesús, podemos arrepentirnos. Y a medida que nos arrepentimos del pecado y odiamos el mal, nos regocijamos en la plenitud del perdón que Jesús ha sido ensalzado para conceder al necesitado. No podrás jamás apreciar el perdón, si no te sientes arrepentido; y tampoco eres capaz de arrepentimiento más profundo antes de haber sido perdonado. Sorprendente puede parecer, pero es cierto, que la amargura del arrepentimiento y la dulzura del perdón, se mezclan en el olor suave de toda vida de gracia, resultando en dicha sin par.

Estos dos regalos del pacto, constituyen la seguridad mutua la una de la otra. Si se que me arrepiento, se también que Dios me ha perdonado. ¿Cómo sabré que me ha perdonado sino conociendo también que me ha librado de mis malos caminos? El ser creyente, es ser arrepentido. La fe y el arrepentimiento son dos rayos de la misma rueda, dos mangos del mismo arado. Se ha dicho bien que el arrepentimiento es el corazón quebrantado a causa del pecado y separado del pecado. De igual forma bien se puede decir que es un cambio y complemento. Es un cambio de mente de la clase más radical y profunda, acompañado de dolor a causa del pecado cometido en el pasado, y del compromiso de transformación para el futuro. Dejar el mal que antes yo amaba; amar el bien que antes odiaba, demuestra así la sinceridad del dolor.

Siendo esto un hecho positivo, podemos estar seguros del perdón, porque el Señor nunca lleva el corazón al quebranto a causa del pecado, separándolo del mismo, sin perdonarlo. Por otra parte, si disfrutamos el perdón mediante la sangre de Jesús, siendo justificados por la fe y teniendo paz con Dios por nuestro Señor Jesucristo, sabemos que nuestro arrepentimiento y nuestra fe son de la clase legítima.

No considera tu arrepentimiento cual mérito que le proporciona el perdón, ni esperes capacidad natural para arrepentirte hasta que veas la gracia de nuestro Señor Jesús y su prontitud de borrar tus pecados. Guarda estas cosas cada una en su lugar y contémplalas en la relación que tienen la una con la otra. Son como el Jaquín y Boaz (1Rey. 7:21), en la experiencia de la salvación; quiero decir que se pueden comparar a las altas columnas del templo de Salomón, colocadas al frente de la casa del Señor, formando una entrada majestuosa al lugar santo. Nadie viene del modo debido a Dios, a no ser que pase entre las columnas del arrepentimiento y de la remisión. El arco iris del pacto de gracia ha sido desplegado en toda su hermosura sobre tu corazón, cuando sobre las lágrimas del arrepentimiento haya brillado la luz del pleno perdón. El arrepentimiento del pecado y la fe en el perdón de parte de Dios son el tema y argumento de la verdadera conversión. Por estas señales conocerás «un verdadero israelita.»

Volvamos al texto que estamos meditando; tanto el arrepentimiento como el perdón brotan de la misma fuente, siendo dones del mismo Salvador. El Señor Jesús desde su gloria concede las dos cosas a las mismas personas. No debes buscar la fuente del arrepentimiento, ni del perdón, en otro punto. Ambas cosas están listas y el Señor está preparado para concederlas gratuitamente ahora mismo a toda persona que de su mano las quiera recibir. No debe olvidarse nunca que Jesús da todo lo necesario para la salvación. De la mayor importancia es que todos cuantos buscan la salvación comprendan esto. La fe es tanto un regalo de Dios como el objeto en que la fe se funda. El arrepentimiento es tan manifiesto obra de la gracia como la expiación por la cual se borra el pecado. La salvación es obra de la gracia sola desde el principio hasta el fin.

No me comprendas mal aquí. Por supuesto, no es el Espíritu Santo el que se arrepiente. Nada ha hecho de lo que se deba arrepentir. Y si pudiera arrepentirse, de nada nos valdría; es preciso que nos arrepintamos cada uno de nosotros de nuestro propio pecado, y si no, no quedaremos salvos del poder del pecado. NO es el Señor Jesucristo quien se arrepiente. ¿De que se arrepentiría? Nosotros somos los que nos debemos arrepentir con el pleno conocimiento de toda facultad de nuestra mente. La voluntad, las afecciones, las emociones, todo coopera cordialmente en el acto bendito del arrepentimiento del pecado; y no obstante detrás de todo lo que sea acto personal nuestro, está una influencia santa actuando en secreto, ablandando nuestro corazón, causando arrepentimiento y produciendo un cambio completo. El Espíritu de Dios nos ilumina para que veamos lo que es el pecado haciéndolo repugnante a la vista. Además, el Espíritu de Dios nos vuelve a la santidad, haciéndonos apreciarla de corazón, amarla, desearla, y así nos comunica un impulso, por el cual somos llevados adelante paso a paso por el camino de la santidad. El Espíritu de Dios actúa en nosotros tanto el querer como el hacer según el beneplácito de Dios. Sometámonos a este buen Espíritu ahora mismo para que nos guíe a Jesús, quien abundantemente nos dará la doble bendición del arrepentimiento y del perdón, según las riquezas de su gracia. «Por gracia sois salvos».

***

Capítulo 14—¿Cómo se da el Arrepentimiento?

Volvamos al gran texto «A éste, Dios ha exaltado con su diestra por Príncipe y Salvador. Para dar a Israel arrepentimiento y remisión de pecados» (Hech. 5:31). Nuestro Señor Jesucristo ha subido para que la gracia baje. Él emplea su gloria para que propagar mejor su gracia. El Señor no ha dado un solo paso hacia arriba sino con el objeto de llevar consigo a los creyentes arriba. Ha sido ensalzado para dar arrepentimiento, lo que veremos adelante, nos recordará de unas cuantas grandes verdades.

La obra que nuestro Señor ha llevado a cabo, ha hecho el arrepentimiento posible, de utilidad y aceptable. La ley no habla de arrepentimiento, sino dice sencillamente «El alma que pecare, esa morirá» (Eze. 18:20). Si el Señor Jesús no hubiera muerto, resucitado y ascendido al Padre, ¿para que serviría tu arrepentimiento o el mío? Podríamos sentir remordimiento de conciencia con todos sus horrores, pero no el verdadero arrepentimiento con sus esperanzas. Arrepentimiento en sentido de sentimiento natural es un deber común que no merece alabanza; en verdad, es un sentimiento tan comúnmente mezclado con temor egoísta al castigo que su mejor aprecio es de poco valor. Si no hubiera intervenido Jesús, acumulando una riqueza de mérito, nuestras lágrimas de arrepentimiento no valdrían más que otras tantas gotas de agua derramada en tierra. Se haya ensalzado Jesús para que en virtud de su intercesión tenga valor ante Dios nuestro arrepentimiento. En este sentido nos da arrepentimiento, puesto que pone el arrepentimiento en condición aceptable, lo que de otro modo no sería.

Cuando Jesús fue ensalzado, fue derramado el Espíritu de Dios para producir en nosotros todo don de gracia necesario. El Espíritu Santo crea en nosotros el arrepentimiento renovándonos de un modo sobrenatural quitando el corazón de piedra de nuestra carne. No te sientes apretándote los ojos para sacarte algunas lágrimas imposibles; el arrepentimiento no sale de una naturaleza rebelde, sino de la gracia libre y soberana. No entres en tu recámara pegándote en el pecho para producir en un corazón de piedra sentimientos que no existen en él. En cambio, acude en espíritu al Calvario y contempla la pasión y muerte de Jesús. Mira arriba de donde viene tu socorro. El Espíritu Santo ha venido expresamente para hacer sombra a los espíritus de los hombres y engendrar en ellos el arrepentimiento como antes se movía sobre la tierra desordenada para producir orden. Eleva tu ruego a él. «Bendito Espíritu de Dios, apodérate de mí. Hazme sencillo y humilde de corazón para que odie el pecado y sinceramente me arrepienta del mismo.» Y él oirá tu clamor y te responderá.

Acuérdate también de que cuando el Señor Jesús fue ensalzado, no solamente nos dio el arrepentimiento enviando al Espíritu Santo, sino consagrando todas las obras de la naturaleza y la providencia para el gran fin de nuestra salvación, providencialmente cualquiera de ellas puede llamarnos al arrepentimiento, ya sea que cante, como el gallo que oyó Pedro, o retumbe, como el terremoto que espantó al carcelero de Filipos. Desde la diestra de Dios, nuestro Señor Jesús gobierna las cosas de la tierra haciéndolas cooperar para la salvación de sus redimidos. Se vale tanto de lo amargo como de lo dulce, de las penas como de las alegrías para producir en los pecadores algún cambio de mente hacia Dios. Se agradecido por algún acto de la providencia que te ha hecho pobre, enfermo o afligido; porque mediante tales cosas Jesús actúa en tu vida llamándote hacia sí mismo. La misericordia del Señor frecuentemente viene cabalgando hacia nuestra puerta sobre el jinete negro de la aflicción. Jesús se vale de toda la capacidad de nuestra experiencia para separarnos del mundo y atraernos al cielo. Cristo ha sido ensalzado hasta el trono del cielo y de la tierra para que mediante los procedimientos de la providencia someta todos los corazones endurecidos hasta sentir el bendito quebranto del arrepentimiento.

Además, ahora mismo está actuando por sus juicios en el escenario de las conciencias por su Libro inspirado (La Biblia), mediante nosotros que hablamos según el Libro y por las oraciones de los amigos y de los corazones sinceros. Él te puede enviar una palabra que hiera tu corazón de piedra, como la vara de Moisés, y haga brotar ríos de arrepentimiento. Él puede llevar a tu mente algún texto de las Sagradas Escrituras que quebrante tu corazón y te cautive en un momento. Misteriosamente puede ablandarte y, cuando menos pienses, causar que un sentimiento de santidad invada tu alma. Puedes estar seguro de eso, que Aquel que ha entrado en la gloria, ensalzado hasta el esplendor y majestad de Dios, tiene abundancia de medios para efectuar arrepentimiento en los que tendrán perdón. En este mismo momento está esperando darte arrepentimiento. Recíbelo inmediatamente.

Fíjate en el hecho, para consuelo tuyo. Que el Señor Jesucristo da este arrepentimiento a los menos dignos de la humanidad. Fue ensalzado para dar arrepentimiento a Israel. ¡A Israel! En los días que habló el apóstol así, era Israel la nación que más había pecado contra la luz y contra el amor, coronando su obra de infamia por la crucifixión del Señor, atreviéndose a decir. «Caiga su sangre sobre nosotros y sobre nuestros hijos» (Mat. 27:25). Cierto, estos israelitas eran los asesinos de Jesús; y no obstante fue ensalzado para darles el arrepentimiento. ¡Qué maravilla de gracia! Escucha pues; si tu has sido criado a la luz cristiana más resplandeciente y a pesar de ello lo has rechazado, hay todavía esperanzas para ti. Aun cuando hayas pecado contra la conciencia, contra el Espíritu Santo, contra el amor de Jesús, todavía hay lugar para el arrepentimiento. Aunque te hallaras endurecido como Israel incrédulo de antaño, todavía es posible tu ablandamiento, ya que Jesús se haya ensalzado para dar arrepentimiento a los que llegaron al colmo de la iniquidad, agravando de un modo especial su pecado. ¡Dichoso quien, como yo, tiene un evangelio tan pleno para proclamar! ¡Dichoso tú que tienes el privilegio de escucharlo!

Los corazones de Israel se habían endurecido como una roca de pedernal. Martín Lutero creía imposible la conversión de un judío. Sin estar de acuerdo con él, es preciso admitir que la simiente de Israel ha sido terriblemente terca rechazando al Señor todos estos siglos pasados. Con verdad dijo el Señor: «Israel no me quiso a mi» (Salmo 81:11). Jesús «vino a los suyo, y los suyos no le recibieron» (Juan 1:11). No obstante, para bien de Israel fue nuestro Señor Jesús ensalzado para dar arrepentimiento y remisión de pecados. El lector es probablemente gentil; pero a pesar de ello puedes tener un corazón muy terco que por muchos años ha resistido al Señor Jesús. Y, no obstante, en ti puede nuestro Señor efectuar el arrepentimiento. Bien puede ser que todavía tendrás que escribir, afligido por el amor divino, como el autor de la interesante obra, Libro de cada día, quien en cierta época de su vida era un incrédulo obstinado. Vencido por la gracia soberana escribió:

El corazón más altanero, Has quebrantado, Dios, en mí; El yo más terco más fiero Has bien domado para ti. Tu voluntad cual mía quede: Tu ley, la regla de mi ser; Mi corazón, tu Santa sede, Mi lucha, siempre obedecer.

El Señor puede dar arrepentimiento al menos digno, volviendo en ovejas a los leones, en palomas a los cuervos. Volvamos a él para que cambio tan grande se opere en nosotros. Sin duda alguna la contemplación de la muerte de Cristo es uno de los modos más seguros y efectivos para alcanzar el arrepentimiento. No te sientes, procurando el arrepentimiento de la fuente seca y corrompida de la naturaleza. Suponer que tu puedes por fuerza colocar tu alma en ese estado de gracia, es contrario a las leyes de la mente humana. Lleva tu corazón en oración al que lo comprende, diciendo: «Límpialo, Señor. Señor renuévalo. Señor realiza tu el arrepentimiento en él.» Cuanto más procures tu mismo producir emociones de arrepentimiento en ti mismo, tanto más fracasarás; pero si con fe piensas en Jesús que muere por ti, nacerá en ti el arrepentimiento. Medita pues, en el Señor que de puro amor derrama la sangre de su corazón por ti. Fija la vista de tu mente en la agonía y sudor de sangre, en la cruz y pasión; y al hacerlo así el afligido de tanto dolor te mirará a ti y mediante esa mirada hará para contigo lo que hizo con Pedro, de modo que tu también salgas para llorar amargamente. El que murió por ti puede hacer que tu mueras al pecado mediante su Espíritu de gracia; y el que ha entrado en la gloria para tu bien, puede conducir tu alma en pos de sí, hacia la santidad, dejando atrás el pecado.

Estaré contento de dejarte este pensamiento; no busques fuego debajo del hielo, ni esperes hallar arrepentimiento en tu corazón natural. Miro al Vivo para hallar la vida. Mira a Jesús por todo cuanto necesites entre la puerta del infierno y la puerta de cielo. No busques en otra parte algo de lo que Jesús desea concederte, acuérdate de que Cristo es todo.

***

Capítulo 15—El Temor de Caer

Cierto temor se apodera a veces, de muchos que buscan la salvación: temen que no podrán perseverar hasta el fin. He oído decir, «Si yo tuviera que entregar mi alma al Señor Jesús, tal vez volvería atrás perdiéndome al fin. Antes he tenido sentimientos buenos y los he perdido. Mi bondad ha sido como la nube de la mañana y como el rocío temprano. De repente ha venido, ha durado poco, ha prometido mucho y luego ha desaparecido.»

Creo que este temor es frecuentemente el padre del hecho; y que algunos que han tenido miedo de confiar en Cristo para todo el tiempo y toda la eternidad, han fracasado, porque su fe era temporal no siendo lo suficientemente sincera para salvarles. Principiaron confiando en Jesús hasta cierto punto, pero confiaron en sí mismos respecto a la continuación y perseverancia en el camino del cielo; así es que ese comienzo fue erróneo, y resultó la cosa más natural que no tardaran en volverse atrás. Si confiamos en nosotros mismos, es cierto que no perseveraremos. Aun cuando confiamos en Jesús esperando de él buena parte de la salvación, no dejaremos de fracasar, si confiamos en nosotros mismos respecto a algo. No hay cadena más fuerte que el más débil de sus eslabones; si de Jesús esperamos todo excepto algo, fracasaremos sin remedio, porque en esa cosa tropezaremos sin duda alguna.

No me cabe duda de que el error respecto a la perseverancia de los santos ha impedido la perseverancia de muchos que un día marchaban bien. ¿Cuál fue el tropiezo? Confiaban en sí mismos respecto a su carrera, y en consecuencia fracasaron. Cuidado con revolver algo del yo, en el cemento con que edificas, porque tu mezcla quedará descompuesta y las piedras no quedarán pegadas. Si miras a Cristo respecto al principio, ten cuidado de mirar a ti mismo respecto al fin. Él es el Alfa. Mira que te sea Omega también (principio y fin). Si comienzas en el Espíritu, no esperes perfeccionarte por la carne. Empieza como piensas y continúa como empezaste, que sea el Señor el todo en todo. Pidamos que Dios el Santo

Espíritu, nos de una idea clara respecto a la fuente de toda fuerza necesaria para la perseverancia y para ser guardados hasta el día de la aparición del Señor.

Aquí sigue lo que dijo Pablo sobre este asunto al escribir a los corintios:

«... nuestro Señor Jesucristo os confirmará hasta el fin, para que seáis irreprensibles en el día de nuestro Señor Jesucristo. Fiel es Dios, por el cual fuisteis llamados a la comunión con su Hijo Jesucristo nuestro Señor» (1Cor. 1:7-9).

Estas palabras admiten silenciosamente una gran necesidad al decirnos como se ha tenido en cuenta llenarla. Siempre que el Señor hace provisiones, podemos estar seguros que hay necesidad para ello, ya que el pacto de gracia no se distingue por cosas superfluas. En el palacio de Salomón se colgaron escudos de oro que nunca se usaron, pero en el arsenal de Dios no hay tales cosas. Necesitaremos por cierto, todo cuanto Dios ha provisto. Desde hoy hasta la consumación de todas las cosas será requerida toda promesa de Dios y toda provisión del pacto de gracia. La necesidad urgente del alma que cree es el fortalecimiento, la continuación, la perseverancia hasta el fin, el ser guardado para siempre. Tal es la necesidad del creyente más adelantado, porque Pablo escribía a los santos de Corinto, personas de prominencia, de las cuales podía decir: «Gracias doy a mi Dios siempre por vosotros, por la gracia de Dios que os fue dada en Cristo Jesús (1Cor. 1:4).

Tales personas son precisamente las que sienten de verdad que diariamente necesitan gracia nueva para continuar el camino, perseverar y salir vencedoras al fin. Si no fueran santos, no tendrían necesidad de la gracia; pero por ser hombres de Dios, sienten diariamente las necesidades de la vida espiritual. La estatua de mármol no siente necesidad de alimento; pero el hombre vivo siente hambre y sed, y se alegra de que el pan y el agua no le falten, porque si le faltasen, moriría en el camino. Las necesidades personales del creyente le hacen imprescindible que diariamente acuda a la gran fuente de todo tesoro espiritual, pues ¿qué haría si no pudiera dirigirse a su Dios?

Este es el caso tratándose de los más entregados de los santos, de los de Corinto enriquecidos de todo don de conocimiento y sabiduría. Necesitaban ser confirmados hasta el fin, y a no ser así, resultarían en ruina sus dones y conocimientos. Si hablásemos lenguas humanas y angélicas, y no recibiéramos gracia nueva día en día, ¿dónde estaríamos ahora; si tuviéramos toda experiencia y fuéramos enseñados por Dios hasta comprender todo misterio, no podríamos vivir un solo día sin que la vida divina se nos comunicara desde el origen del Pacto. ¿Cómo podríamos esperar, perseverar por una hora siquiera, para no decir por una vida entera, a no ser que el Señor nos llevara adelante? El que ha empezado la buena obra en nosotros , es el único que puede perfeccionarla hasta el día de Cristo, si no resultaría en un triste fracaso.

Esta necesidad se debe en gran parte a nuestra propia condición. Algunos sufren bajo el temor de no poder perseverar en la gracia, porque conocen su carácter caprichoso. Algunas personas son por naturaleza inestables. Otras son naturalmente obstinadas y otras igualmente volubles y ligeras. Semejantes mariposas vuelan de flor en flor, visitando todas las hermosuras del jardín, sin hacerse morada fija en ninguna parte. Nunca paran en punto fijo bastante para hacer bien alguno, ni siquiera en su negocio, ni en sus estudios intelectuales. Tales personas temen con razón que diez, veinte, treinta o cuarenta años de vigilancia les resulte demasiado, tarea imposible. Vemos a gente afiliarse a una iglesia tras otra. Son todo, todo por turno, pero nada, nada duradero. Estos tales tienen doble motivo de pedir a Dios no solo que les haga firmes sino inmovibles; de otra manera no serán hallados «constantes creciendo siempre en la obra de Señor.»

Todos aun los que no tengamos inclinación natural a la inconstancia, no podemos por menos de sentir nuestra debilidad, si somos vivificados por Cristo. Estimado lector, ¿no hallas lo suficiente en un solo día para hacerte tropezar? Tu que deseas vivir santamente, como pienso es el caso; tu que tienes un alto ideal de lo que debe ser la vida cristiana, ¿no hallas que antes de haberse limpiado la mesa después del almuerzo, ya has dado prueba de bastante torpeza para sentirte avergonzado de ti mismo? Si nos encerráramos en la celda de un ermitaño, nos acompañaría la tentación porque entre tanto que no podemos escapar de nosotros mismos, no

podemos escapar de la tentación. Hay un algo dentro de nuestro corazón que nos debe mantener alertas y humillados delante de Dios. Si él no nos confirma, somos tan débiles que fácilmente tropezamos y caemos, no necesariamente vencidos por el enemigo sino por nuestro propio descuido. Señor, se tu nuestra fuerza. Nosotros somos la misma debilidad.

Además de esto, notaremos el cansancio que produce una vida larga. Al comenzar nuestra carrera espiritual subimos con alas de águila, después corremos cansados, pero en nuestros días mejores andamos sin desmayar. Nuestra marcha parece más pausada, pero es más útil y mejor sostenida. Pido a Dios que la energía de la juventud nos acompañe mientras que sea la energía del Espíritu y no simplemente el fervor de la carne altiva. El que hace tiempo anda por el camino del cielo, encuentra que por razón buena se prometió que los zapatos serían de hierro y bronce, porque el camino es áspero. El tal ha descubierto que existen Montes de Dificultad y Valles de Humildad; que existe un valle de Sombra de Muerte, y peor todavía la Feria de Vanidad, todo lo cual se debe atravesar. Si hay Montes de Delicias (y gracias a Dios que los haya), hay también Castillos de Desesperación, cuyo interior los peregrinos han visto con mucha frecuencia. Todo considerado, los que perseveran hasta el fin en el camino de la santidad, serán «objeto de admiración.»

«¡Oh mundo de maravillas, no puedo decir menos!» Los días de la vida del cristiano son como otras tantas perlas de misericordia ensartadas en el hilo de oro de la felicidad divina. En el cielo manifestaremos a los ángeles, a los principados y poderes las inescrutables riquezas de Cristo que se empleó en nosotros y que disfrutamos aquí abajo. Nos ha mantenido vivos en las garras de la muerte. Nuestra vida espiritual ha sido una llama ardiendo en medio del mar, una piedra suspendida en el aire. Será el asombro del universo el vernos pasar por la puerta de perlas sin tacha el día de nuestro Señor Jesucristo. Debemos sentirnos llenos de grata admiración por ser guardados una hora siquiera. Espero que así nos sintamos.

Si esto fuera todo, habría razón suficiente para temer pero hay mucho más. Es preciso que nos acordemos del lugar en que vivimos. Este mundo es un desierto espantoso para muchos del pueblo de Dios. Algunos de nosotros hallamos gusto especial en la providencia de Dios, pero para otros es una pena terrible. Nosotros empezamos el día con la oración a Dios y oímos el canto de alabanza frecuentemente en nuestros hogares; pero apenas se han levantado de sus rodillas por la mañana muchos de nuestros semejantes, cuando se les saluda con blasfemias. Salen al trabajo y todo el día se les aflige con vergonzosas conversaciones como al justo Lot en Sodoma. ¿Puedes andar siquiera por una ancha calle en estos días sin que sean acosados tus oídos por el lenguaje más soez? El mundo no es amigo de la gracia. Lo mejor que podemos hacer con este mundo es terminar con él cuanto antes, porque moramos en campo enemigo. En cada matorral se esconde algún ladrón. En cualquier parte es preciso andar con la espada desenvainada, o al menos con la espada llamada oración, constantemente a nuestro lado; porque hemos de luchar por cada pulgada del camino. No te equivoques en este punto, si quieres evitar la desilusión más amarga. ¡Oh Dios, ayúdanos y confírmanos hasta el fin! Si no ¿dónde nos detendremos?

La verdadera religión es sobrenatural en su principio, es sobrenatural en su continuación y es sobrenatural en su consumación. Es obra de Dios desde el principio hasta el fin. Hay una gran necesidad de que la mano de Dios sea extendida todavía. Esta necesidad siente mi lector ahora, de lo que se alegra; porque ahora espera del Señor la perseverancia, quien solo es poderoso para guardarnos de caída y glorificarnos en su Hijo.

***

Capítulo 16—Confirmación

Deseo llamar tu atención a la seguridad que Pablo confiadamente esperaba como beneficio de todos los santos. Dice: «El cual también os confirmará hasta el fin, para que seáis irreprensibles en el día de nuestro Señor Jesucristo» (1Cor. 1:8). Esta es la clase de confirmación que ante toda otra cosa debemos desear. Como ves, presupone el texto que las personas están en lo recto, en la verdad, y propone que sean afirmadas en ello. Terrible fuera confirmar a una persona en sus caminos de pecado y error.

Pensemos en un borracho confirmado, un ladrón confirmado o un embustero confirmado. Sería cosa deplorable confirmar a una persona en su incredulidad y en su impiedad. Solamente podrán disfrutar de la confirmación divina los que ya han visto la gracia de Dios manifestada en sus vidas. Esta confirmación es obra del Espíritu santo.

El que da la fe, la fortalece y confirma; el que enciende la llama del amor divino en nosotros la preserva y aumenta; es lo que el buen Espíritu en su primera instrucción, nos hace saber con más claridad y certeza mediante enseñanza repetida. Además confirma los hechos santos volviéndolos hábitos establecidos y emociones santas, en condiciones permanentes. Por la experiencia y práctica confirma nuestra fe y nuestros propósitos. Así como nuestras alegrías y nuestras penas, nuestros éxitos como nuestros fracasos quedan santificados para el mismo fin; precisamente como el árbol queda arraigado y robusto tanto por la lluvia como por el viento tempestuoso.

La mente queda instruida y por el aumento del saber acumula razones para perseverar en el buen camino. Queda consolado el corazón, y así se apega más y más a la verdad consoladora. El creyente resulta más sólido y robusto.

No se trata aquí de un crecimiento simplemente natural, sino de una obra tan claramente del Espíritu como la conversión misma. El Señor lo concederá con toda seguridad a los que confían en él para la vida eterna. Por su operación en nuestro interior nos librará de ser «inestables,» haciéndonos firmes y arraigados. Esto es parte de la obra de la salvación, esta edificación en Cristo Jesús, haciéndonos permanecer en él. Diariamente puedes esperar esta gracia y tu esperanza no quedara defraudada.

El Señor en quien confías te hará como el árbol plantado junto a arroyos de aguas, tan bien guardado que ni su hoja se marchitará. ¡Que fuerza para la Iglesia es el cristiano cimentado! Él es consuelo para los afligidos y apoyo para los débiles. ¿No quisieras tú ser así? Los creyentes cimentados son columnas en la casa de Dios. Estos no son llevados de aquí para allá por todo viento de doctrina, ni quedan confundidos por la tentación repentina. Son un gran apoyo para otros, anclas en el tiempo de dificultad en la Iglesia. Tú que estás comenzando la vida espiritual apenas puedes esperar a que llegues a ser como ellos. Pero no debes temer, pues el Señor actuará en ti como en ellos. Algún día, tú que hoy eres un niño en Cristo, serás un apoyo en la iglesia. Espera un cosa tan grande; pero espérala como don de gracia y no como salario por obra o producto de tu fatiga.

El apóstol Pablo inspirado, habla de estas personas como confirmadas hasta el fin. Esperaba Pablo que la gracia de Dios les guardara personalmente hasta el fin de su vida, o hasta la venida del Señor Jesús. En realidad esperaba que toda la iglesia de Dios en todo lugar y en todo tiempo fuera guardada hasta el fin de la dispensación, hasta la venida del Señor Jesús, como el esposo a celebrar las bodas con su esposa perfeccionada. Todos los que están en Cristo serán confirmados en él, hasta ese día glorioso. ¿No ha dicho? «Porque yo vivo también vosotros viviréis?» (Juan 14:19) También dijo: «yo les doy vida eterna; y no perecerán para siempre, ni nadie las arrebatará de mi mano» (Juan 10:28). «El que ha empezado la buena obra en vosotros, la perfeccionará hasta el día de Cristo» (Fil. 1:6). La obra de la gracia en el alma no es una reforma superficial. La vida infundida en el nacimiento nuevo viene de simiente incorruptible que vive y permanece eternamente. Y las promesas de Dios a los creyentes no son de naturaleza transitoria sino abarcan para su cumplimiento toda la carrera del creyente hasta que llegue a la gloria sin fin. Somos guardados por el poder de Dios, mediante la fe, para la salvación eterna. «Proseguirá el justo su camino» (Job. 17:9). No como resultado de su propio mérito o fuerza, sino como favor inmerecido «son guardados los creyentes en Cristo Jesús. «Jesús no perderá ninguna de las ovejas de su rebaño; no morirá ningún miembro de su cuerpo; no faltará ninguna joya de su tesoro cuando venga a juntarlas. La salvación por fe recibida no es cosa de meses o de años; porque nuestro Señor Jesús nos ha conseguido «salvación eterna» y lo eterno no tiene fin.

Pablo declaraba también que su esperanza respecto a los santos de Corinto es que fueran «confirmados hasta el fin sin falta.» Esta condición sin falta es una parte preciosa de la gracia de ser guardados. El ser guardado santo es más que ser guardado salvo. Es muy triste ver gente religiosa tropezar y caer de una falta en otra peor; nunca han creído en el poder de Dios para guardarles sin falta. La vida de algunos que profesan ser cristianos, consiste en una serie de tropiezos que no parece dejarles bien tendidos, pero tampoco nunca dejarlos firmes. Tal vida no viene al creyente; su vocación es andar con Dios, y por la fe puede llegar a perseverar firme en la santidad, lo que urge que haga.

El Señor es poderoso no solo para salvarnos del infierno, sino para guardarnos de caída. No hay necesidad de ceder a la tentación. ¿No está escrito? «El pecado no se enseñoreará de vosotros» El Señor es poderoso para guardar los pies de sus santos, y lo hará si nos entregamos a él, confiados en que lo hará. No hay necesidad de manchar el vestido; por su gracia podemos ser guardados sin mancha del mundo, esto es nuestro deber, porque «sin santidad nadie verá al Señor» (Heb. 12:14).

El apóstol profetizaba prediciendo para los creyentes de Corinto, lo que debiéramos nosotros buscar, a saber que seamos guardados «irreprensibles hasta el día del Señor Jesucristo». Quiera Dios que en ese gran día nos veamos libres de toda represión, y que nadie en el universo entero se atreva a disputarnos la declaración de que somos los redimidos del Señor. Tenemos faltas y flaquezas, de las cuales nos lamentamos, pero no son de la naturaleza que demuestra que vivamos separados de Cristo, viviremos ajenos a la hipocresía, al engaño, al odio, al placer en el pecado, porque tales cosas serían acusaciones fatales. A pesar de nuestros fracasos involuntarios el Espíritu Santo puede actuar en nosotros produciendo un carácter sin falta a la vista humana, de manera que como Daniel no demos ocasión a las lenguas acusadoras, excepto en los asuntos de nuestra fe religiosa. Multitud de hombres piadosos, como también de mujeres piadosas, han dado pruebas de vida tan pura y del todo genuina que nadie les ha podido, en justicia, reprender.

El Señor podrá decir de muchos creyentes como dijo a Job, al aparecer Satanás en su presencia: «¿No has considerado a mi siervo Job, que no hay otro como él en la tierra, varón perfecto y recto, temeroso de Dios y apartado del mal?» (Job. 1:8). Esto es lo que debe anhelar y tener por objeto el lector, confiando que, Dios mediante, lo alcanzará. Tal es el triunfo de los santos, continuar «siguiendo al cordero por dondequiera que va» (Apocalipsis 14:4), manteniendo la integridad como delante del Dios viviente.

No entremos jamás en caminos torcidos, dando lugar a que blasfeme el adversario. Está escrito respecto al verdadero creyente «Aquel que fue engendrado por Dios le guarda, y el maligno no le toca» (1Juan 5:18). ¡Quiera Dios que así se escriba de nosotros!

Amigo que ahora empiezas a vivir la vida divina, el Señor puede comunicarte un carácter irreprensible. Aun cuando en lo pasado hayas cometido pecado grave. El Señor es poderoso para librarte del todo del poder de antiguos vicios y hábitos haciéndote un ejemplo de virtud. No solamente puede hacerte hombre moral, sino puede hacerte aborrecer todo camino de falsedad y seguir en pos de todo lo que es santo. No dudes de esto. El primero de los pecadores no necesita quedar atrás del más puro de los santos. Cree esto y según tu fe te será hecho.

¡Cuánta bienaventuranza será el hallarnos irreprensibles en el día del juicio! No cantamos en falso al prorrumpir: Sereno miro ese día: ¡Quién me acusará? En el Señor mi ser confía. ¿Quién me condenará? ¡Qué bienaventuranza será disfrutar de ese valor, fundado en la redención de la maldición del pecado por la sangre del Cordero, cuando el cielo y la tierra huyan de la faz del Juez de todos! Esta bienaventuranza será el destino de todos cuantos fijen la vista de la fe exclusivamente en la gracia de Dios en Cristo Jesús y en ese poder sagrado, libren batalla continua contra todo pecado.

***

Capítulo 17—¿Por qué perseveran los Santos?

Ya hemos visto que la esperanza que llenaba el corazón de Pablo respecto a los hermanos de Corinto, llena de consuelo a los que temen tropezar y caer en lo futuro. Pero, ¿por qué creía que los hermanos serían sostenidos hasta el fin.

Deseo que notes como especifica sus razones. Aquí están: «Fiel es Dios por el cual sois llamados a la participación de su Hijo Jesucristo nuestro Señor» (1Cor. 1:9).

El apóstol no dice: «Vosotros sois fieles.» La fidelidad del hombre es de poco peso, es vanidad. Tampoco dice: «Tienen ministros fieles para guiarles, y por tanto confío en que serán guardados.» No, no, Si somos guardados por el hombre, seremos mal guardados. El dice: «Dios es fiel» Si nosotros somos fieles, es porque Dios es fiel. Todo el peso de nuestra salvación debe descansar en la fidelidad de nuestro Dios del pacto. Sobre este glorioso atributo de Dios descansa todo. Nosotros somos cambiadizos como el viento, frágiles como la telaraña, inestables como el agua. No podemos depender de nuestras cualidades naturales, ni de nuestros conocimientos espirituales, pero Dios permanece Fiel. Él es fiel en su amor; no conoce variación, ni sombra de cambio. Es fiel en sus propósitos; no comienza una cosa dejándola sin terminar. Es fiel en sus relaciones como Padre, no negará a sus hijos, como amigo no faltará a su pueblo, como Creador no abandonará la obra de sus manos.. Es fiel a sus promesas, y ni una de ellas dejará de cumplir. Es fiel a su pacto que ha establecido con nosotros en Cristo Jesús, ratificándolo con la sangre de su sacrificio. Es fiel a su Hijo y no permitirá que en vano haya derramado su sangre. Es fiel para con su pueblo, al cual ha prometido vida eterna y al cual no dejará, ni abandonará.

Esta fidelidad de Dios es el fundamento y piedra angular de nuestra esperanza de perseverar hasta el fin. Los santos perseverarán en la santidad, porque Dios persevera en la gracia. Él persevera en bendecir, y por lo mismo los creyentes perseveran en ser bendecidos. El continúa guardando a su pueblo, y por tanto este continúa guardando sus mandamientos. Este es fundamento sólido y bueno en que descansar y concuerda perfectamente con el título de esta obra; Solamente por Gracia. Así es que la gracia inmerecida y la misericordia infinita anuncian la aurora de la salvación y resuena la misma «buena nueva» melodiosamente por todo el día de la gracia.

Ves, pues, que las únicas razones que tenemos para esperar que seamos guardados hasta el fin y hallados irreprensibles en el día de Cristo, se hallan en nuestro Dios; pero en él estas razones son de gran manera abundantes.

Consisten primero, en lo que Dios ha hecho, Hasta tal punto nos ha bendecido que le es imposible volver atrás. Pablo nos recuerda del hecho que «nos ha llamado a la participación de su Hijo Jesucristo» (1Cor. 1:9). ¿Nos ha llamado? Pues, el llamamiento no puede ser revocado; «porque irrevocables son los dones y el llamamiento de Dios» (Rom. 11:29). El Señor nunca se retrae de su vocación positiva de la gracia. «A los que llamó, a estos también justificó; y a los que justificó, a estos también glorificó» (Rom. 8:30). Esta es la regla invariable en el proceder divino. Hay un llamamiento general, del cual se dice: «Muchos son llamados, y pocos escogidos» (Mat. 22:14); pero el llamamiento del cual ahora hablamos es diferente, distinguido por amor especial, solicitando la posesión de aquello a que somos llamados. En este caso el llamado se halla en la condición de la simiente de Abraham, de la cual dijo el Señor. «Te tomé de los confines de la tierra y de tierras lejanas te llamé, y te dije: mi siervo eres tú; te escogí, y no te deseché» (Isa. 41:9).

En lo que ha hecho el Señor vemos una razón poderosa para nuestra protección y gloria futuras, ya que nos ha llamado a la participación de su Hijo Jesucristo. Participación equivale a tener alguna parte en común con Jesucristo, y desearía que pensaras bien en el significado de esto. Si en verdad has sido llamado por la gracia divina, has entrado en comunión con el Señor Jesucristo y por esta razón en conjunto posees todas las cosas. Así que a la vista del Altísimo eres uno con él. El Señor Jesús llevó tus pecados en su cuerpo sobre el madero, hecho maldición por ti, y al mismo tiempo él ha llegado a ser tu justicia, de modo que estás justificado en él. Tú eres de Cristo, y Cristo es tuyo.

Como Adán representa a todos sus descendientes, así Jesús, a todos los que están en él. Como el marido y la esposa son uno, así Jesús es uno con todos los que se hallan unidos con él por la fe; uno por una unión espiritual legítima e inquebrantable. Más aún, los creyentes son miembros del cuerpo de Cristo, y así son uno con él por una unión de amor, viva y permanente. Dios nos ha llamado a esta participación, esta comunión, esta unión, y por este mismo hecho nos ha dado señal y garantía de ser confirmados hasta el fin. Si nos considerase Dios aparte de Cristo, resultaríamos unidades pobres, perecederas, pronto disueltas y llevadas a la destrucción; pero siendo uno con Cristo somos participantes de su naturaleza y dotados de su vida inmortal. Nuestro destino está unido con el de Cristo, y entre tanto que él no quede destruido, no es posible que perezcamos nosotros.

Medita mucho en esta participación con el Hijo de Dios, ha la cual has sido llamado; porque en ella está toda tu esperanza. Nunca podrás ser pobre mientras que Jesús sea rico, ya que eres partícipe de los suyo. ¿Qué te podrá faltar si eres copropietario con el Amo del cielo y de la tierra? Mediante tal participación te hallas por encima de toda depresión del tiempo, de los cambios futuros y del descalabro del fin de todas las cosas. El Señor te ha llamado a la participación de su Hijo Jesucristo y por este hecho y obra te ha colocado en posición infaliblemente segura.

Si eres de verdad creyente, eres uno con Jesús y por tanto puesto en seguridad. ¿No ves que esto es así? Necesariamente debes ser verdadero hasta el fin, hasta el día de su manifestación, si de cierto has sido hecho uno con él por un hecho irrevocable de Dios. Cristo y el creyente se hallan en el mismo barco; a no ser que Jesús se hunda, el creyente no se ahogará. Jesús ha admitido a sus redimidos en relación íntima consigo mismo que primero será herido, deshonrado y vencido antes de que sea dañado el más pequeño de sus rescatados. Su nombre consta en el encabezamiento del establecimiento, y hasta que pierda él su crédito, estamos asegurados contra todo temor de quiebra.

Así que, vayamos adelante, con la mayor confianza, al futuro desconocido, eternamente unidos con Jesús. Así gritaran los hombres del desierto: «¿Quién es ésta que sube del desierto, recostada sobre su amado?» (Cant. 8:5), confesaremos gustosamente que nos recostamos en Jesús y que pensamos apoyarnos en él cada vez más. Nuestro fiel Dios es una fuente rica que sobreabunda en deleites y nuestra participación con el Hijo de Dios es un río lleno de Gozo. Conociendo estas cosas gloriosas, como las conocemos, no podemos vivir desanimados; no, al contrario, exclamamos con el apóstol: «¿Quién nos separará del amor de Dios que es en Cristo Jesús Señor nuestro?» (Rom. 8:35-39).

***

Capítulo 18—Conclusión

Si el lector no me ha seguido paso a paso conforme haya leído estas páginas, lo siento en verdad. De poco valor es la lectura de un libro, a no ser que las verdades que se presentan a la mente sean comprendidas, apropiadas y llevadas a la práctica. Este se parece al que contempla los alimentos en abundancia exhibidos en el escaparate de un restaurante y queda, sin embargo, hambriento por no comer personalmente de ellos. En vano, querido amigo, nos hemos encontrado tú y yo, a no ser que hayas recibido por fe viva a Cristo Jesús, mi Señor. De mi parte hubo un deseo marcado de hacerte bien, y he hecho lo mejor que he podido para este fin. Siento no haberte podido comunicar un bien positivo, porque anhelaba con sinceridad conseguir este privilegio. Pensaba en ti al escribir estas páginas, y dejando caer la pluma, me arrodillé y pedí solemnemente a Dios por todos los que lo leyeran. Estoy seguro que gran número de lectores serán bendecidos por su lectura, aún cuando tú no quieras ser de este número.

Pero, ¿por qué rehusarás tú mi testimonio? Si no deseas la bendición especial que yo te hubiera llevado, cuando menos hazme el favor de admitir que la culpa de tu condena final no me la cargarás a mí.. Al encontrarnos los dos ante EL GRAN TRONO BLANCO, no podrás culparme de haber usado mal la atención que bondadosamente me concediste al leer este libro. Dios es mi testigo que escribí cada renglón para tu bien eterno. En espíritu pongo ahora mi mano en la tuya y te doy un firme apretón. ¿Lo sientes? Con lágrimas en los ojos te miro, diciendo: ¿Por qué quieres morir? ¿No quieres dedicar un momento a los asuntos de tu alma? ¿Querrás perecer por puro descuido? ¡Lejos sea esto de ti! Analiza solemnemente estas cosas, poniendo fundamento firme para la eternidad. No rehuses a Jesús, su amor, su sangre, su salvación. ¿Por qué lo harías? ¿Podrás hacerlo? ¡Te ruego que no vuelvas la espalda a tu Redentor!

Si, en cambio, mi oración ha tenido contestación y tu hayas sido conducido a confiar en el Señor Jesús recibiendo del mismo la salvación por gracia, en tal caso, aférrate para siempre a esta doctrina y a este modo de vivir y proceder.

Sea Jesús tu todo en todo y permite que la gracia inmerecida sea la regla única por la cual vivas y te muevas. No hay vida mejor, como la del que vive disfrutando del favor de Dios. Recibir todo cual don gratuito, esto guarda la mente del orgullo del mérito propio y del remordimiento de las acusaciones de la conciencia desesperada. Esta vida por gracia calienta el corazón llenándolo de amor agradecido, y así produce un sentimiento en el alma infinitamente más aceptable para Dios que todo cuanto pudiera proceder de un temor de esclavo.

Los que procuran salvarse haciendo lo mejor que pueden, no saben nada del fervor ardiente, del santo celo, del gozo en Dios que nacen de la salvación gratuitamente recibida según la gracia de Dios. El espíritu de servidumbre de la salvación mediante el mérito propio o sea por el cumplimiento de los mandamientos, nada tiene de comparable con el espíritu gozoso de la adopción. Más virtud real hay en la menor emoción de la fe que en todos los esfuerzos del esclavo de la ley o en toda la maquinaria de los devotos que procuran subir al cielo por la escalera de las ceremonias. La fe es cosa espiritual, y «Dios es Espíritu» se deleita en ella por esa razón. Años enteros de rezos, de acudir a las iglesias, a los santuarios; años enteros de ritos, de ceremonias, de penitencias, pueden ser otras tantas abominaciones a la vista de nuestro Dios que es Espíritu. Pero una mirada del ojo de la verdadera fe es espiritual y por lo mismo a su agrado. «El Padre a tales adoradores busca» (Juan 4:23). Ocúpate primero del hombre interior y de la parte espiritual de la religión, y lo demás vendrá a tiempo debido.

Si eres salvo tu mismo, busca la salvación de otros. Tu propio corazón no prosperará. A no ser que esté lleno de solicitud intensa por la bendición de tus semejantes. La vida de tu alma está en la fe; su salvación está en el amor. El que no anhela llevar a otros a Jesús, nunca ha vivido encantado del amor él mismo. Entra en el trabajo, en la obra del Señor, la obra del amor. Empieza por tu propia familia. Visita después a los vecinos. Ilumina al pueblo o a la calle donde vives. Siembra la Palabra de Dios por doquier lleguen tus fuerzas.

Si los convertidos llegan a ganar a otros, ¿quién sabe qué brotará de mi pequeño libro? Ya empiezo a cantar gloria a Dios por las conversiones que producirá por su medio y mediante los que conduce a los pies de Cristo. Probablemente la parte principal de los resultados se verán, cuando la mano que escribe esta página se encuentre paralizada en el sepulcro.

¡Encuéntrame en el cielo! No bajes al infierno. No hay modo de volver de ese antro de miseria. ¿Por qué quieres entrar en el camino de la muerte, estando abiertas delante de ti las puertas del cielo? No rechaces el perdón gratuito, la salvación plena que Jesús concede a los que confían en él. No dudes, ni te detengas. Bastante has pensado ya; ¡a la obra de una vez! Cree en el Señor Jesús decididamente en este mismo momento. Acude al Señor sin tardar. Acuérdate, de que este asunto puede determinarse en este mismo momento. Acude al Señor sin tardar. Acuérdate, de que en este momento puede determinarse tu salvación o perdición, siendo hoy mismo tu ahora o nunca. Realícese ahora, evitando el terrible nunca. ¡Adiós! Mas no para siempre; te encargo:

¡Encuéntrame en el cielo!

***

FIN

Otros libros del Autor por esta misma Agencia:

Todos por Amazon

Pronto

1. Las Bienaventuranzas, Charles Spurgeon.

2. El Poder del Evangelio, Charles Spurgeon.

3. Sermones Del Avivamiento

4. Fuérzalos A Entrar

5. El Lugar Santísimo

6. Sermones De Aliento

7. Unión Con Cristo

8. Familia Y Hogar

9. Las Ordenanzas

10. La Oración

11. Parábolas

12. La Iglesia

13. La Biblia

14. La Fe

15. Obreros

16. Ángeles

17. El Diezmo

18. El Pecado

19. Año Nuevo

20. Buenas Obras

21. El Espíritu Santo

22. Jesús El Mesías

23. El Nacimiento De Cristo

24. La Pasión Y Muerte De Jesús

25. La Resurrección

26. La Ascensión

27. La Segunda Venida

28. Los Gloriosos Logros De Cristo

29. El Pacto De Gracia

30. Las Doctrinas De La Gracia

31. Una Defensa Del Calvinismo

32. Cristo En El Antiguo Testamento

*Igualmente estarán en Inglés por Amazon

Si deseas hasta un 50% de descuentos en los libros de Spurgeon o por cajas, escríbenos a:

kalhelministries21@gmail.com